Der heilige Berg Tibets
KAILASH

Russel Johnson/Kerry Moran

BRUCKMANNSpecial

Schmutztitel: Der Berg Kailash über den dunklen Wassern des Manasarowar.
Titelblatt: Für die Pilger erscheint die tiefe Rinne in der Südflanke des Berges wie die senkrechte Achse einer gewaltigen Swastika, eines alten Symbols der Kraft; das Nebenbild zeigt einen bemalten Stein am Pilgerpfad, der die Form des Berges en miniature nachbildet. *Inhaltsseite, links:* Mönche aus einem zentraltibetischen Kloster blasen Muschelschalen, um zum Morgengebet zu rufen. *Rechts:* Diese Wandmalerei in der Trugo Gompa ist ein Diagramm des heiligen Landes von Tibet: heiliger Berg und See, von Klöstern umringt, und die vier großen Ströme, welche in der Region entspringen sollen. *Umseitig:* Kailash über dem Kloster Tschiu Gompa am Westufer des Manasarowar.

Titel der englischen Originalausgabe »Kailas. On pilgrimage to the sacred mountain of Tibet.«

Karten: Barbara Ierulli

Übersetzung Horst Heller

Umschlaggestaltung: Ruth Kammermeier

ISBN 3-7654-3766-2
© 1989 by Thames and Hudson, London
© 2001 Bruckmann Verlag GmbH, München
Alle Rechte vorbehalten

Satz: Fotosatz E. Mocker, Eichenau b. München
Druck und Bindung: C. S. Graphics, Singapore

Inhalt

1 Zum Nabel der Erde 9

2 Pfad der Pilger 17

3 Der kostbare See 41

4 Das große Mandala der Natur 57

5 Der Hügel der Erlösung 89

6 Die innere Kora 121

Karten 124

Glossar 126

Weiterführende Literatur 126

Die zerbröckelnden Wände der Simbling Gompa in Purang, während der Kulturrevolution mit Artillerie beschossen, legen stumme Zeugenschaft vom Leiden Tibets während der ersten zwei Jahrzehnte der chinesischen Herrschaft ab. Obwohl viele Klöster in der Region nach 1980 wieder aufgebaut wurden, blieb Simbling, hundertzehn Kilometer südlich des Kailas gelegen, bis heute in Trümmern.

1 Zum Nabel der Erde

»Fern von der Straße steht ein ungemein hoher Berg, sehr weit im Umfang, mit in Wolken verborgenem Gipfel, von ewigem Schnee und Eis bedeckt, und, was in Anbetracht der eisigen Kälte am schrecklichsten ist ... (die Tibeter) umrunden unter größten Unbilden den gesamten Berg, eine Beschäftigung von einigen Tagen, wodurch sie etwas erreichen, was ich als große Gnade bezeichnen würde.« (Pater Ippolito Desideri, 1715)

Der allerheiligste Berg Asiens steht in einem fernen Winkel von Westtibet, durch wildzerklüftetes Land nahezu von der ganzen übrigen Welt abgeschnitten. Er heißt Kailas und sein Ruf ist gewaltig. Für Pilger aus vier Religionen ist diese 6675 Meter hohe Felspyramide Thron ihrer Götter und »Nabel der Erde«; ein Ort, an dem das Göttliche irdische Gestalt annimmt. Seit weit über tausend Jahren reisen die Pilger dorthin, um dem Mysterium des Berges zu huldigen, indem sie ihn nach einem alten, bis heute lebendig gebliebenen Ritual umwandern.

Hier im Kailas ist das mythische Bild Merus, des großen Berges im Mittelpunkt des Weltalls, verkörpert. Meru steht, in der siebenten Hölle wurzelnd und mit dem Gipfel in den höchsten Himmel vorstoßend, im Zentrum der religiösen Kosmographie Asiens. Er ist die Achse, um die die Gesamtheit der Schöpfung kreist, der »Weltenpfeiler« und der »Erste aller Berge«.

Als Urbild der göttlichen Mitte steht Meru in einem für sterbliche Augen verborgenen Reich. Das Bestreben des Menschen, seine Ideale in greifbarer Form zu veranschaulichen, brachte Meru zur Erde und übertrug seine Göttlichkeit auf den Schneegipfel des Kailas. Für die Pilger, welche ihn auf dem einundfünfzig Kilometer langen Rundweg umwandern, *ist* der Kailas der in Eis und Schnee verkörperte Meru, und ein einziger Rundgang wischt die Sünden des ganzen Lebens hinweg. Ihrem Glauben nach ist nicht allein die Eiskappe des Gipfels, sondern die ganze Gegend Wohnsitz der Götter und heiliges Land. Seine Weihe verdoppelt sich noch durch die Nähe des Sees Manasarowar, eines vierundzwanzig Kilometer durchmessenden, tiefblauen Wasserauges und einer der ältesten heiligen Stätten der Menschheit.

See und Berg sind die Kronjuwelen eines Landes des klaren Lichts und der starken Farben, wie es die dünne Atmosphäre in viereinhalbtausend Meter Meereshöhe erzeugt. Die kahlen, windgepeitschten Ebenen, die Intensität des Himmels und die Reihen der schneebedeckten Bergriesen bilden einen angemessenen Hintergrund für die blendende Schönheit des Kailas. In dieser erhabenen Landschaft weisen aufgeschichtete Steinhaufen und flatternde Gebetsfahnen die Geographie des Glaubens. Jeder Schritt der heiligen Runden um Kailas und Manasarowar hat seine eigene Legende, jeder Fels, jeder Hügel, jeder Quell seinen eigenen Gott; ein Überquellen von Mythen und Glauben, welches durch seine Üppigkeit die Gegenwart des Göttlichen bezeugt.

Kailas spricht zu jedem Pilger anders. Hindus überschreiten die vereisten Himalajapässe von Indien her, um jenen Berg zu umrunden, der Schiwas Thron ist, und um in jenem See zu baden, der aus dem Geist – *Manas* – Brahmas erschaffen ward. Buddhisten reisen von Ladakh, Bhutan, Nepal, aus der Mongolei und aus allen Ecken Tibets zu diesem allerheiligsten Berg, den sie Kang Rinpotsche nennen, den »Kostbaren Schneeberg«. In der Dschain-Religion ist der Kailas als Aschtapada bekannt; auf dem Gipfel erlangte ihr Stifter, Rischabanatha, die geistige Befreiung. Und für die Bönpo, die Nachkommen der vorbuddhistischen Einwohner Tibets, ist er der »Neunstöckige Swastika-Berg«, die mystische »Seele« der ganzen Region.

Hindus, Buddhisten, Dschain und Bönpo: Jeder hat einen anderen Glauben, jeder sieht verschiedene Götter, doch die zugrundeliegende Wirklichkeit ist die gleiche. An dieser Stätte der natürlichen Kraft vereinigt sich das Vergängliche mit dem Ewigen, nimmt das Göttliche körperliche Gestalt an. Der Skeptiker wird nur die platte Wirklichkeit eines 6675 Meter hohen Gipfels aus geschichtetem Konglomerat zur Kenntnis nehmen, für den Gläubigen hingegen ist Kailas der Erste aller Berge, und eine Reise zu ihm wird im Geistigen ebenso wie im Physischen durchgeführt.

Der Kailas steht in der Ngari-Region, in Westtibet, in einer der höchstgelegenen, einsamsten und wüstesten Gebiete unseres Planeten. Außer ein paar nomadischen Hirtensippen streift nur der Wind über ihre leeren Ebenen. Nach herkömmlichen Maßstäben wäre es ein kahles, unfruchtbares Ödland, doch scheint sich die Gegend, wie ein großer Teil Tibets, über solche Einstufungen hinwegzusetzen. Was andernorts kahl ist, wirkt hier lichtvoll und frei.

Alles Unwesentliche scheint abgestreift, wie um die Schönheit der Erde in ihrer ursprünglichen Farbe und Form aufzuzeigen. Nackte Hügel, rosa, violett und leuchtend orange, ziehen in Wellen in die Ferne; ein weiter, erstarrter Ozean aus Land, dessen Wogen und Falten wie willkürlich geformt erscheinen. Über die Unendlichkeit spannt sich der Gefährte der Erde, der Himmel, in uranfänglicher Gemeinsamkeit, wie in den ältesten Mythen. So wie die Landschaft überirdisch ist auch der tibetische Himmel ein Märchen, ein Traum. Das Wort »blau« kommt seiner Intensität nicht einmal in die Nähe; es ist ein Farbton so tief und rein, daß alles ringsum dagegen verblassen würde, wenn das Licht nicht alle Formen mit plastischer Klarheit herausarbeiten würde. Jeder Grashalm, jeder Stein steht von den übrigen abgegrenzt da, auf unbegreifliche Weise vom Licht umströmt. Wenn irgendwo auf der Welt, so existieren die Götter hier, in dieser reinen, kalten Luft, als unmittelbare Erfahrung, als berührbare Gegenwart.

In diesem Raum, in solcher Stille fühlt sich der Mensch überflüssig und fehl am Platz. Das Land beherrscht ihn, nicht er das Land, und in dessen Grenzenlosigkeit spürt er die Gegenwart höherer, unsichtbarer Kräfte. Alte Tibeter wußten, daß ihr Land von Heerscharen unsichtbarer Götter, Dämonen und Geister bewohnt war. Diese herrschten über Erde, Luft und Wasser, bewachten die Pässe und Furten, wohnten inmitten eines jeden Haushaltes und unter der Firststange eines jeden Zeltes.

Über all diesem thronten die Götterberge, die Mittelpunkte des alttibetischen Volksglaubens. Ein heiliger Gipfel war ein mächtiger Gott: Er trug die »Seele« einer Landschaft in sich und beschützte all jene, die in seinem Schatten wohnten. Tibets erster König soll vom Himmel auf einen Berggipfel herabgestiegen sein, da die Menschen um einen Herrscher beteten, und nach dem Ende ihrer Zeit war es wieder ein Berggipfel, von dem aus die Könige an einem silbernen Seil zum Himmel zurückkehrten.

Aus diesem Glauben entwickelte sich im fernen Königreich Schang-Schung in Westtibet eine als Bön bekannte Naturreligion. Das Herz von Schang-Schung aber war eine eisbedeckte, Kang Tise genannte Pyramide – später im Abendland unter ihrem Hindi-Namen Kailas bekannt geworden. Ein weiterer Titel war Yungdruk Gu Tseg, der »Neunstöckige Swastika-Berg«. Für die Bönpo wie für die Hindus war die Swastika ein altes Symbol der Kraft. Auf der Südseite des geheiligten Berges bildet eine senkrechte Rinne, welche waagrechte Schichtungen kreuzt, dieses Zeichen, das die Gläubigen schon von weither sehen.

Der Einfluß der Bön-Religion schwand, nachdem der Buddhismus im siebenten Jahrhundert n. Chr. von Indien nach Tibet hereingetragen worden war. Von Bön blieb wenig mehr übrig als ein Spiegelbild des tibetischen Buddhismus, der seinerseits Einflüsse der alten Religion aufgenommen hatte. Die Sage von der Zauberschlacht zwischen dem buddhistischen Heiligen Milarepa und dem Bönpo-Schamanen Naro Bön Tschun (in Kapitel 5 beschrieben) mythologisiert den Übergang der Kailas-Region vom Heiligen Land der Bönpo zu jenem der Buddhisten. Mit dem Sieg Milarepas kam der Berg unter den Einfluß der Kargyu-Sekte. Vom zwölften Jahrhundert an entwickelten die Kargyu zuerst den Berg und dann auch den See Manasarowar zu einem Zentrum der Meditation und der Weltflucht. Das erste der Kailas-Manasarowar-Klöster wurde gebaut, und buddhistische Pilger begannen zum Berg zu wallfahren und ihre Visionen den Bön-Vorstellungen vom Berg hinzuzufügen. Auf den Gipfel des Berges setzten sie Demtschog, einen mächtigen Schutzgott von schrecklichem Aussehen. Im Stil der tantrischen Gottheiten wird er in Verbindung mit seiner Gemahlin Dordsche Pangmo dargestellt, deren Thron der kleine Gipfel Tidschung westlich des Kailas ist. Zusammen symbolisiert das Paar die mystische Dualität von Erbarmen und Weisheit, die schließlich zur Erleuchtung führt.

In dieser Zeit folgten auch Hindu-Pilger dem heiligen Weg um den Berg. Ihre Verbindung zum Manasarowar ist noch älter; sie soll zwei Jahrtausende zurückreichen. Die Hindus verehren den ganzen Himalaja als Verkörperung des Göttlichen, und die Gegenwart des heiligen Berges und Sees gelten als besondere Besiegelung dieses Verhältnisses. In der *Ramayana* heißt es: »Es gibt kein Gebirge wie Himaltschal (Himalaja), denn in ihm sind Kailas und Manasarowar. Wie der Tau von der Morgensonne, so werden die Sünden der Menschheit durch den Anblick Himaltschals getilgt.«

Es ist leicht verständlich, weshalb der Himalaja in solche spirituelle Höhen erhoben wurde: Die große Eismauer an der Nordflanke Indiens sprengt wahrhaftig alle menschlichen Maßstäbe, in ihrer Schönheit wie in ihrer Gefährlichkeit. Ihre Schneemassen speisen die Flüsse, welche dem Subkontinent Leben verleihen; ihre unzugänglichen, wolkenverhangenen Gipfel sind die Wohnungen der Götter. Schiwa, der Zerstörer und Verwandler in der hinduistischen Triade, ist mit dem Himalaja besonders eng verbunden, und sein Thron ist der Kailas. Dort sitzt er im Lotussitz; ein nackter, aschebeschmierter, in Meditation versunkener Asket. Doch wird er auf anderen Darstellungen auch in weniger herb-enthaltsamer Form gezeigt, nämlich mit seiner schönen Frau Parwati auf dem Schoß, sich die Ewigkeit vertreibend.

Kailas und Manasarowar blieben in der westlichen Welt bis ins achtzehnte Jahrundert hinein unbekannt, hinter ihrer gewaltigen Naturmauer versteckt. Der erste Europäer, der die Gegend durchstreifte, war der italienische Jesuitenmissionar Pater Ippolito Desideri. Im Winter 1715 durchquerte er Westtibet, eine »weite, unfruchtbare und schreckliche Wüste«, und folgte dem Lauf des Tsangpo-Flusses bis nach Lhasa. Auf seinem Weg kam er am See Manasarowar und an einem wolkenverhangenen Berg vorbei, von dem er berichtete, dieser sei dem mächtigen tantrischen Zauberer »Urghien« oder Padmasambhawa geweiht.

Der Berg war der Kailas. Ein Jahrhundert später sollte er zum Schlüsselsteinchen eines Geographiepuzzles werden, welches die europäischen Entdecker noch fast weitere hundert Jahre fesselte: das Rätsel von den Quellen der vier großen Ströme Indiens, welche der hinduistischen Überlieferung zufolge im Manasarowar entspringen sollten. Von 1812 an reiste eine ganze Anzahl Forscher nach Westtibet in der Absicht, einen der letzten weißen Flecken auf der Weltkarte des neunzehnten Jahrhunderts zu beseitigen. Im gleichen Jahr stand William Moorcroft als erster Brite am Ufer des Manasarowar. Die nachfolgenden Besucher waren von verschiedenen Beweggründen getrieben; es gab viktorianische Abenteurer, Entdecker im Dienste eines Radscha und Sportsmen auf der Suche nach Jagdtrophäen. Ein Engländer entweihte die heiligen Wasser des Manasarowar mit einem Schlauchboot, eine Pietätlosigkeit, die den örtlichen tibetischen Verantwortlichen angeblich seinen Kopf kostete.

Der kühnste und hartnäckigste von allen war der Schwede Sven Hedin, dessen Forschungen ein Gebiet von 168 000 Quadratkilometern im unbekannten Westtibet umfaßten. Auf seiner Expedition in die Kailas-Region im Jahr 1907 entdeckte Hedin die Quelle des Indus und klärte die Lage der Quellen von Brahmaputra und Sattledsch. Er war auch der erste Abendländer, der den Pilgerpfad um den Kailas beging. Hedins Sieg wurde von Bezichtigungen der Übertreibung überschattet, als er 1909 wieder nach Europa zurückgekehrt war. Dessenungeachtet war es ihm gelungen, das Rätsel der vier Ströme zu lösen: Der Indus, der Sattledsch, der Brahmaputra und der Karnali entsprangen alle in jenem kleinen, vom Kailas beherrschten Winkel Westtibets – eine geographische Unwahrscheinlichkeit von verblüffender Ähnlichkeit mit jenem mythischen Weltenberg Meru, von dessen Gipfel ebenfalls vier große Ströme herabfließen sollen.

Wie es sich für einen solchen Berg geziemt, wird Meru in der hinduistischen *Wischnu Purana* aus dem Jahr 200 v. Chr. eine spektakuläre Beschreibung zuteil. Er ragt am Mittelpunkt des Weltalls 403.200 Meter hoch auf, umgeben von den konzentrisch angeordneten sieben Kontinenten und sieben Ozeanen. Die vier Seiten des Berges blicken in die vier Himmelsrichtungen: die östliche besteht aus Kristall, die westliche aus Rubin, die südliche aus Lapislazuli und die nördliche aus Gold. Sonne, Mond und Sterne ziehen ihre Bahn um diese blendende Achse, und die sich vielfach überlagernden Reiche von Himmel, Erde und Unterwelt sind ringsum verteilt. Auf seinem Gipfel fällt der heilige Fluß Ganges vom Himmel und teilt sich in vier große Ströme auf, die die vier Weltviertel bewässern. Auch tibetische Schriften sprechen von vier aus dem Weltenberg entspringenden Flüssen: vom Senge Khambab, dem nach Norden fließenden »Fluß aus dem Löwenmaul«, vom Maptschu Khambab, dem südwärts fließenden »Fluß aus dem Pfauenschnabel«, vom Tamtschok Khambab oder »Pferdemaulfluß« nach Osten und vom Langtschen Khambab oder »Elefantenmaul-Fluß« nach Westen. Dies sind die Namen der vier heutigen Flüsse aus der Kailas-Region, und damit beginnt der Mythos Züge der Wirklichkeit anzunehmen: Hinter jenem Meru scheint die Gestalt des heutigen Kailas durch. Aufgrund einer Laune der Geologie kommt die Wasserscheide des Himalaya fast hundertundfünfzig Kilometer nördlich seiner höchsten Gipfel zu liegen. Es ist eine Unwahrscheinlichkeit der Natur, daß vier Flüsse, die zweieinhalbtausend Kilometer voneinander entfernt in der Bucht von Bengalen und im Arabischen Meer münden, ihren schnurstracks auseinanderführenden Lauf ausgerechnet in demselben fernen Winkel Tibets beginnen sollen.

Die Überlagerung von Mythos und Tatsache ist zu überraschend, um als Zufall abgetan zu werden. Der Himalaya wurde seit Jahrtausenden von Hindu-Pilgern verehrt, die auch den engen Flußtälern quer über das Gebirge folgten. Vielleicht führten diese Flüsse sie in vorgeschichtlicher Zeit auf das Kailas-Plateau. Die Reisenden hätten also Berichte vom großen Berg am Urquell der Welt mitgebracht, Berichte, deren Kern in der Sage vom Meru

Der Buddhismus durchdringt das Leben Tibets und verleiht dem Land einen Sinn für das Heilige.
Rechts: Eine einheimische Frau bei ihrer täglichen Umrundung des *Tschörten* in Tartschen, der kleinen Siedlung südlich des Kailas.
Mitte: Pilger unter den farbenfrohen Felsklippen bei Tirthapari, einem Pilgerort fünfundvierzig Kilometer südwestlich des Kailas. Der Ort ist der Gemahlin des Gottes vom Kailas geweiht: für die Hindus ist dies Parwati, für die Buddhisten Dordsche Pangmo.

Trotz einiger Jahrzehnte der versuchten Unterdrückung bleibt der Buddhismus in Tibet lebendig.
Links: Dieses alte Fresko von O Pa Me, dem Buddha des Grenzenlosen Lichtes, schmückt die Wand eines Tempels in der Gugong Gompa, in Purang.
Unten: Ein Schrein in der Küche der Seralung Gompa am See Manasarowar zeigt fotokopierte Bilder des Dalai Lama, des im Exil lebenden geistigen Oberhaupts der Tibeter.
Ganz unten: Ein junger Novize und ein älterer Mönch beim täglichen Gebetsritual in der Gugong Gompa.

weitergelebt haben könnte, nachdem der Tatsachenhintergrund längst vergessen war. Jahrhunderte später, als die Hindus begannen den Kailas zu verehren, wuchsen Legende und Wirklichkeit wieder zusammen.

Das Bild Merus stammt aus der sumerischen Kultur, die zwischen 3500 und 2000 v. Chr. in Mesopotamien blühte. Hier wurde der kosmische Berg durch die Zikkurat verkörpert; eine Stufenpyramide, welche als von Menschenhand geschaffener Berg die Kräfte des Himmels mit denen der Erde verband. Von Sumer breitete sich die Vorstellung des heiligen Berges in der Weltmitte sowohl nach Westen wie auch nach Osten aus und beeinflußte die mittelalterliche europäische Sichtweise von den »stockwerkartig« übereinanderliegenden Reichen Himmel und Hölle ebenso wie das orientalische Konzept von Meru. Die etymologische Verbindung zwischen Sumer und Meru ist ja offensichtlich; eine Namensvariante lautet sogar Sumeru.

Die Vision vom universellen Berg durchdrang Asien und regte jahrhundertelang Kunst, Architektur und Literatur an. Meru erscheint in Dschain-Kosmogrammen und javanischen Tempeln, in der japanischen Mythologie und in tibetischen Malereien. Die Turmspitze der indischen *Schikara* und der halbkugelige Aufbau der buddhistischen Stupa sind beide vom Bild des kosmischen Berges beeinflußt; die große Stupa von Borobudor auf Java ist eine präzise steinerne Interpretation Merus.

Auch ins Innere drang die Vorstellung von Meru und fand ihren Ausdruck in Gestalt der Mandala, jener geometrischen Projektionen des Weltalls, die von tantrischen Kulturen als Meditationswerkzeuge benutzt wurden. Der Berg wird im Yoga durch einen feinen Kanal geistiger Energie entlang der Wirbelsäule symbolisiert, welcher als *Meru Danda* bekannt ist. Und schließlich erscheint Meru auch im Menschen selbst. »In deinem Körper ist der Berg Meru, umgeben von den sieben Erdteilen ... Den allein, der dies weiß, hält man für einen wahren Yogi«, sagt die *Schiwa Samhita*. Bestimmte andere Stellen in indischen Texten stützen aber die Vorstellung Merus als eines eher geistigen denn geographischen Mittelpunktes. Die *Mahabharata* beschreibt Meru als »ein Königreich des Geistes«, »ein reiches Ausströmen ... unmeßbar und unnahbar für die vielsündigen Menschen«.

Hier wird deutlich, daß die Bedeutung Merus tiefer reicht als die eines archaischen Erklärungsversuches des Kosmos. Wie der kosmische Baum, der im Mittelpunkt des Weltbildes anderer Kulturen steht, so ist auch der Berg ein Abbild der göttlichen Ordnung, die die Schöpfung durchdringt und gliedert. C. G. Jung sah in der Mandala ein Bild von der Reise des Selbst zur Vollkommenheit; ebenso kann Meru nicht als eigentlicher Berg, sondern als symbolische Achse interpretiert werden: T. S. Eliots »ruhender Punkt der sich drehenden Welt«.

Auch die Pilger nähern sich dem Kailas auf diese Weise; eher wie einem geistigen als wie einem kosmischen Mittelpunkt. Ihre überwiegende Mehrheit bleibt unbekannt; eine Pilgerfahrt ist ein sehr persönliches Erlebnis, und nur wenige haben ihre Gedanken dazu auf Papier hinterlassen. Einer davon war der japanische Buddhistenmönch Ekai Kawaguchi, welcher Tibetisch gelernt hatte und sich als Chinese ausgab, um im Jahre 1900 den Pilgerweg zu Kailas und Manasarowar gehen zu können. Fast ein halbes Jahrhundert später kam Lama Anagarika Gowinda, ein deutsch-bolivianischer Buddhistenmönch, dessen »Weg der weißen Wolken« einen esoterischen Bericht über seinen Aufenthalt im Kailasgebiet im Jahre 1948 enthielt. Der unbestrittene Fachmann für den Kailas und Manasarowar aber war der unternehmungslustige Inder Swami Pranawananda, der zwischen 1928 und 1949 fünfundzwanzigmal den Berg und dreiundzwanzigmal den See umrundete und ein mit einer Mischung aus wissenschaftlichen und spirituellen Beobachtungen vollgepacktes Führerwerk für Pilger schrieb.

Die Berichte dieser drei Männer unterscheiden sich von jenen der viktorianischen Forscher. Sie kamen als Pilger zu dem Berg – nachdenklicher wohl als die gewöhnlichen Pilger, welche vermutlich selten über die metaphysischen Feinheiten im Bild von Meru/Kailas nachdenken. Den meisten von ihnen genügt es zu wissen, daß der Berg heilig ist; sie fragen nicht nach dem Grund dafür, sondern nehmen seine Gegenwart hin wie einen Segen und gehen durch große Härten um seiner teilhaftig zu werden.

Tausend Jahre lang blieb die Pilgertradition ungebrochen und der Glaube, der sie trieb, war so stark, daß nur eine Katastrophe ihr Einhalt gebieten konnte. Die Katastrophe kam

1950, als die chinesische Armee in Tibet einfiel. 1959 unterbrachen sino-indische Grenzzwischenfälle die Pilgerroute der Hindus über den Himalaja. Wenige Jahre später explodierte die Kulturrevolution in China, und nirgends tobte sie sich brutaler aus als im besetzten Tibet. Die Gewalt äußerte sich als konzertierter Angriff auf die tibetische Kultur, mit dem Buddhismus als Hauptziel. Denkmäler und Klöster wurden abgerissen, ihre Fresken verunstaltet, Statuen zertrümmert, Bibliotheken verbrannt und Mönche in die Arbeitslager deportiert. Jede religiöse Äußerung und jedes Überbleibsel der alten »Feudalgesellschaft« wurde angegriffen. So legten die Roten Garden die Axt an die Wurzeln der tibetischen Identität, denn diese Kultur, diese Kunst, dieses Leben und seine Religion sind untrennbar miteinander verwoben.

Das Kailasgebiet mußte vergleichsweise weniger Gewalt über sich ergehen lassen, doch mußten, da Religionsausübung verboten war, die wenigen Pilger den Berg heimlich und in einer einzigen Nacht umwandern. Chinas Tibetpolitik begann sich erst 1980 zu lockern. 1981 kam es zu einem Abkommen mit Indien, demzufolge die erste hinduistische Pilgergruppe seit zweiundzwanzig Jahren Kailas und Manasarowar besuchen konnte. Trotz eiliger Wiederaufbauversuche blieben die Verwüstungen unübersehbar. Von den dreizehn Klöstern und zahllosen Denkmälern, die einst den Pilgerweg gesäumt hatten, war kein einziges übriggeblieben. Die einzigen Überbleibsel waren ein paar zerfallende Mauern und die Steinhaufen, die die Tibeter aufgeschichtet hatten, um die Orte ihrer einstigen Kultstätten zu markieren.

Heute hat sich die Lage wieder geändert. Den Tibetern wird ein gewisser Grad an religiöser Freiheit zugestanden, und die Pilger kehren in größerer Zahl zum Kailas und Manasarowar zurück. 1987 wanderten ihre fünftausend um den Kailas, dazu noch zweihundert Hindu-Pilger, die das Abkommen von 1981 erlaubt. Zehn der dreizehn Klöster wurden mit staatlicher Beteiligung wieder aufgebaut, und Gebetsfahnen und Denkmäler säumen die Pilgerwege wie früher.

Dank der Standfestigkeit und Glaubensstärke der Pilger mutet die Tragödie der jüngsten Vergangenheit wie ein böser Traum an. Trotz jahrelanger Unterdrückung ist das Land im Bewußtsein der Gläubigen ein heiliges geblieben. Die Kulturrevolution konnte nur die von Menschenhand errichteten Werke niederreißen, den Wurzeln aber nichts anhaben, denn diese sind in einem Bereich verankert, in dem irdische Macht keine Gewalt mehr hat. In diesem Sinne schrieb auch der Tibetologe Giuseppe Tucci über Muktinath, eine andere Pilgerstätte des Himalaya:

»Heilige Stätten hatten nie einen Anfang. Sie waren heilig vom Augenblick ihrer Entdeckung an, lebten vom Atem unsichtbarer Gegenwärtigkeiten. Der Mensch fühlt, verblüfft oder erschrocken, ihre unsichtbare Ausstrahlung und die Religionen, die vor dem Unerklärlichen in menschlicher Schwäche auf die Knie fallen, suchen nach Namen und Symbolen für eben dieses Unerklärliche.«

Die Reaktion des Menschen auf Kailas und Manasarowar ist vielseitig und faszinierend und menschlich anrührend. Doch unter den kulturellen und religiösen Ausdrucksformen liegt eine andere Wirklichkeit; ein Reich, dem nicht mit Wissen, sondern nur mit Glauben und Erahnen zu begegnen ist. Glaube versetzt wirklich Berge. Im Falle des Kailas hat er einen irdischen Gipfel in den Bereich des Göttlichen erhoben und ihn in ein Sinnbild für die einigende Mitte der ganzen Schöpfung verwandelt.

Auf dem Pilgerweg. *Oben*: Reisende sehen noch einmal nach ihrem Gepäck, bevor der Lastwagen startet.
Mitte: Khampa-Händler verbringen einen langen Nachmittag beim Glücksspiel in ihrem Zelt.
Unten: Eine Rutok-Frau dreht sich an der Tür des Kaufladens von Ali zur Seite, um einem betenden *Lama* eine Gabe zu überreichen.

2 Pfad der Pilger

»Um die volle Bedeutung des Berges Kailas und seiner außergewöhnlichen Umgebung zu ermessen, muß man ihn nicht nur mit den Augen des Geographen, des Kulturinteressierten oder des Historikers betrachten, sondern auch und in erster Linie mit denen des Pilgers. Dazu müssen wir uns aus den Grenzen unserer Persönlichkeit befreien ... die Erfahrungen, die wir hier machen, sind zu groß und zu zeitlos, um in den Rahmen eines persönlichen Erlebnisses oder einer Beschreibung oder irgendwelcher zufälliger Ereignisse hineinzupassen.«
(Lama Anagarika Govinda, *Der Weg der weißen Wolken*)

Das achtmonatige Baby im Schoße seiner Mutter nicht mitgerechnet, drängten sich zwanzig Tibeter auf der Ladefläche des Lastwagens, der auf die Fähre über den Tsangpo wartete. Wir waren unterwegs zum Kailas, doch die Chance mitgenommen zu werden schien minimal: Gepäck, Schafsfelle und Menschen türmten sich so hoch auf dem Fahrzeug, daß sie mit Stricken davor bewahrt werden mußten, über die Seitenwände herabzuquellen. Trotzdem fragten wir den Fahrer, einen drahtigen, mittelalten Tibeter namens Taschi. Er kniff seine Augen zusammen, rechnete in Gedanken eine komplizierte Gleichung von Raum gegen Fahrpreis durch und grinste uns dann an: »Okay«, sagte er und hatte damit schon seinen gesamten englischen Wortschatz erschöpft. Wir reichten unser Gepäck den vielen helfenden Händen hoch und kletterten selbst auf die Ladefläche.

Unsere Mitreisenden wollten alle nach Westtibet, doch waren ihre Gründe dafür ebenso unterschiedlich wie ihre Herkunft. Ein halbes Dutzend starkknochiger Khampas, Männer aus dem Kham-Gebiet Osttibets, nahmen die vordere Hälfte des Lastwagens ein. Sie waren geschäftlich unterwegs; verkauften allerlei Kram und Plunder auf der Reise und kehrten mit Schafsfellballen zum Handel nach Lhasa zurück.

Achtern saß eine Pilgergruppe mit dem Ziel Kailas; Bauernfamilien aus einer kleinen Ortschaft in Zentraltibet. Wir saßen zwischen den Gruppen, und ihre ausgelassenen, zuweilen derben Scherze flogen im wahrsten Sinne über unsere Köpfe hin und her. Zwei alte buddhistische Nonnen wiederum hockten in einer Ecke, ohne sich weiter am Gespräch zu beteiligen. Sie fielen in das allgemeine Gelächter über die saftigsten Bemerkungen zwar ein, nahmen dann jedoch gelassen das Murmeln ihrer Gebete wieder auf.

Die Freude über die Mitfahrgelegenheit fand Zeit zu verpuffen, während wir auf den Fährmann warteten. Tief in eine Teestunde mit Freunden versunken, ignorierte er souverän die Rufe der Fahrer auf der anderen Seite des Flusses. Kaum hatten wir zwei Stunden gewartet, wurden wir auch schon übergesetzt. Einer der Khampas warf den Motor mit solchem Schwung an, daß das rote Quastentuch, das er um seinen Kopf gewunden trug, herabfiel, und er es lachend wieder festmachen mußte. Nach viel gutem Zureden sprang der Motor an, stockte und holperte und fand endlich zu einem halbwegs runden Lauf. Nun waren wir unterwegs, auf der Staubpiste, die schnurgerade ins Nichts hinausführte, auf der Straße, die uns eintausendfünfhundert Kilometer später zum Kailas bringen sollte.

In alten Tagen reisten die Tibeter monate- oder jahrelang zu Fuß, um den Kailas zu erreichen. Heutzutage führen Straßen, von den Chinesen erbaut, ihren Routen entlang, und die meisten kommen auf den Ladeflächen der Lastwagen – den einzigen halbwegs öffentlichen Verkehrsmitteln in Westtibet. In der Wallfahrtszeit, von Mai bis September, wimmelt es auf den Straßen zum Kailas von Lastern chinesischer Herstellung, meist so gebrechlich wie der unsere, mit Gebetsfahnen geschmückt und mit menschlicher Fracht überladen.

Die Nécessaires des Straßenlebens umgaben uns und wetteiferten um Raum: getrocknete Hammelkeulen, dicke Deckenbündel, Wasserbehälter aus Plastik und gewaltige Kochgeschirre. Ein an den obersten Holm gebundenes Fuchsfell flatterte wie ein barbarisches Banner über uns, wogegen ein darunter hängendes Bündel Teekessel einen häuslichen Ausgleich bewirkte. Inmitten dieser Ausrüstungsstücke saßen unsere Reisegefährten Knie an Knie gedrängt – eine merkwürdige Gesellschaft. Die Frauen trugen lange Wickelgewänder über buntgemusterten Blusen und Sweaters, gestreifte Wollschürzen als oberste Kleidungsschicht und schwarze Bänder mit bunten Quasten im Haar.

Im Vergleich dazu erschienen die Männer ziemlich einheitsgrau. Die meisten hatten ihre traditionelle mantelartige *Tschuba* zugunsten abendländischer Hemden und Hosen aufgegeben und trugen schlechtsitzende Kunstfaserkleidung über grauer langer Unterwäsche. Die Individualität brach dafür in abenteuerlichen Kopfbedeckungen wieder durch, in Hüten aus Fuchsfell oder Schafwolle oder in pelzgefütterten Kappen aus Goldbrokat. Leicht waren die Khampas an den schwarzen und roten Troddelbändern erkenntlich, welche sie sich schaustellerisch ins Haar geflochten oder um den Kopf gewunden hatten. Lange Dolche, schwerlederne Geldgürtel und mit Eisen beschlagene Schuhsohlen taten ein übriges, einen barbarischen Eindruck zu erwecken. Die Zentraltibeter sagen den Khampas nach, sie seien ungehobelt und man könne ihnen nicht trauen, die Osttibeter wiederum gefallen sich in der Rolle der bösen Buben und tun ihr Bestes, um ihrem Image gerecht zu werden. Einmal fragte ich einen Khampa, warum er denn so ein großes Messer brauche. »Das ist zum Menschentöten«, antwortete er mit bösem, goldzahnblitzendem Grinsen.

Die Gesichter unter diesen Kopfbedeckungen aber zeigten wieder viele Gemeinsamkeiten: Sie waren erfinderisch, runzelig, von Sonne, Wind und Lachen geprägt. Jedes Quentchen Einfallsreichtum und gute Laune wurde gebraucht, um mit dem Leben auf der tibetischen Landstraße fertigzuwerden. Die Geschwindigkeit, mit der der Lastwagen die Staubpiste entlangholperte, war zum Verzweifeln niedrig. Zweihundertfünfzig Kilometer, das galt schon als guter Tagesschnitt – wohlgemerkt für mindestens zwölf Fahrstunden.

Von diesen zwölf Stunden konnte man keine einzige Minute bequem nennen. Bei jedem Schlagloch flogen wir in die Höhe und krachten wieder zusammen, daß die Knochen schmerzten. Die Tibeter lachten einfach über die schlimmsten Püffe, als ob sie sich auf einer Faschingsreise befänden und gingen für das jeweils nächste Schlagloch in Stellung, um seinen Stoß abzufedern. Eine noch subtilere Marter bildete jedoch der Staub, der auf manchen Strecken aufgewirbelt wurde und alles, selbst unsere Zähne, mit einer dicken, grauen Schicht bedeckte. Innerhalb von Minuten wurden wir in eine Ladung schlotternder Grauhäupter verwandelt, wurde das hübsche, schwarzhaarige Mädchen mir gegenüber zum alten Weib.

Für sie war das einfach das Leben auf der Reise, und sie ertrugen es mit einem aus Härte und Glauben geborenen Gleichmut. Härte gegen sich selbst wird in der tibetischen Gesellschaft erwartet, und Beschwerden werden nur selten erhoben. Wenn wir hielten, um Rast zu machen, brauchten keine Aufgaben verteilt zu werden: Irgend jemand sammelte trockenen Yakmist für ein Feuer, während andere Wasser holten und das Kochgeschirr abluden, und bald kochten die Kessel, vor allem wenn man gelegentlich mit der Lötlampe nachhalf.

Zu den Mahlzeiten saßen wir im Schneidersitz auf dem Boden um das Feuer und teilten uns Tee und *Tsampa*, die beiden Eckpfeiler des tibetischen Alltagslebens. Frühe Forschungsreisende beklagten den schauderhaften Geschmack des Buttertees. Obwohl er mir persönlich nicht gar so ranzig vorkam, wie sie ihn geschildert hatten, half es, dieses Gebräu aus Schwarztee, Salz, Butter und etwas Natriumbikarbonat als Suppe statt als Tee zu betrachten. Tibeter leben buchstäblich von dem Zeug; manche trinken vierzig oder fünfzig Becher davon pro Tag. »Wir haben einen Magen für Tee und einen fürs Essen«, sagen sie.

Tsampa – Gerste, welche geröstet und dann zu Mehl gemahlen wird – ist die Begleitung des Buttertees; es ist das ideale Nahrungsmittel im hochgelegenen, brennstoffarmen Tibet, weil es nicht gekocht zu werden braucht. Man schüttet etwas Mehl in sein hölzernes Eßschälchen, fügt Tee hinzu und knetet die Mischung mit der rechten Hand zu einer teigigen Masse, klebrig oder trocken, ganz nach Geschmack. *Tsampa* war der Hauptanteil unserer Wegzehrung, doch gibt es in Westtibet auch genügend Fleisch, so daß wir oft gekochten Hammel aßen oder wenigstens einen Streifen halbtrockenen Fleisches kauten, wenn keine Zeit zum Kochen war.

Meist war dies der Fall: Halte waren selten und lagen weit auseinander. Taschi fuhr wie ein Henker über vierzehn Stunden hinweg, um die durch Pannen verlorene Zeit gutzumachen. Für gewöhnlich hielten wir erst lange nach Sonnenuntergang – in einer Lastwagenabsteige der Regierung, wenn wir gerade eine der wenigen Siedlungen Ngaris erreichen konnten; öfter aber am Straßenrand. Die Annehmlichkeiten des Reisens in Westtibet haben seit den Zeiten Desideris, des Jesuiten, der das Gebiet 1715 durchquerte, keine großen Fortschritte gemacht:

»Volle drei Monate lang trifft der Reisende auf kein Dorf und auf kein Lebewesen; er muß deshalb alles Benötigte mit sich führen ... kein Holz findet sich in der Wüste, außer hier und da ein paar stachelige Büsche, und um Feuer zu machen, muß man den trockenen Dung der Pferde und Rinder einsammeln. Dein Bett in der Nacht ist die Erde, von der du den Schnee wegkratzen mußt, und dein Dach ist der Himmel, von dem wiederum Schnee auf dich herabfällt.«

Unsere Weggefährten wußten den ungemütlichsten Lagen noch ein wenig Gemütlichkeit abzugewinnen und bestätigten das tibetische Sprichwort: »Wer etwas richtig anzupacken weiß, der kann selbst in der Hölle noch gut leben.« Innerhalb von dreißig Minuten standen die Zelte und kochte der Tee; man lud uns stets ein, im Kreis um das Feuer Platz zu nehmen. Im Gegensatz zur Finsternis und Kälte draußen war dies eine Zuflucht der Wärme und der Gemeinsamkeit. Das Licht der Flammen spielte auf den Gesichtern; manche kochten, manche erzählten, manche murmelten Mantras und schwangen die Gebetsmühlen dazu.

Die Unterhaltung jener Abende war einfach und freundschaftlich. Man akzeptierte uns mit überraschender Selbstverständlichkeit als die *Intschi nekorpa*, die »fremdländischen Pilger«, als die wir uns vorgestellt hatten. Die Fragen unserer Mitpilger waren von ihren geographischen Kenntnissen her begrenzt. *Aa-merika*, wie alle westlichen Länder, lag »irgendwo dort draußen« und wir *Intschi*, mit den runden Augen und den vorstehenden Nasen sahen für sie sowieso fast alle gleich aus. Das Gespräch wechselte mit murmelnd vorgetragenen Gebetsrunden. In der Dunkelheit vermengten sich die Stimmen zu einem beruhigenden Summen, und ich schlummerte ein, während die tiefen Töne mir noch in den Ohren klangen.

Wie das ganze tibetische Leben verbindet auch die Pilgerschaft das Göttliche und das Weltliche fast im gleichen Verhältnis. Der geistige Aspekt der Reise vermindert in keiner Weise die Freude auf ein bevorstehendes Abenteuer. Die Pilgerschaft ist eine Zeit der Freude und des Feierns, ein Ausbruch aus der alltäglichen Routine und eine Gelegenheit, die nomadische Wanderlust zu befriedigen, die so vielen Tibetern innezuwohnen scheint. Die Religion ist ein wichtiger Bestandteil, zweifellos, doch ist ihre Ausübung oft nicht anders als im täglichen Leben auch, wenn auch die Zahl der Gebete und der Kniefälle höher sein mag und die Inbrunst größer.

Die langen Stunden des Fahrens vergingen mit Erzählen und Singen, doch als die Eintönigkeit der Reise immer drückender wurde, wendeten sich die Gedanken nach innen. Die Augen blickten weit in die Ferne, während die Hände wie von selbst nach den Rosenkränzen oder nach den Gebetsmühlen griffen; die Lippen begannen, die wohltuenden Silben eines Mantras zu murmeln. Es gibt Dutzende dieser heiligen Formeln, jede davon ist einer besonderen Gottheit gewidmet. Die meistrezitierte und meistgesehene lautet OM MANI PADME HUM; sie ruft die Gnade Tschenresigs an, des barmherzigen Schutzpatrons von Tibet. »Heil dem Edelstein in der Lotusblüte«, so hat man versucht es zu übersetzen, doch es ist vergeblich, nach einer wörtlichen Bedeutung für diesen Satz zu suchen, denn die Kraft des Mantras ist nicht semantischer, sondern mystischer Natur. In bestimmten Silben glaubt man feine Energien konzentriert, die so in die wirkungskräftige Form des Klanges gebracht werden.

Die meisten Tibeter verschwenden an solche esoterische Spitzfindigkeiten keine Gedanken. Sie murmeln die Silben einfach immer wieder vor sich hin, in der Überzeugung, daß eine jede Wiederholung den Vorrat ihrer religiösen Verdienste mehrt und sie einen kleinen Schritt näher zu ihrer Befreiung bringt. Verdienst bringt auch eine jede Umdrehung der Gebetsmühle, die die Kraft der tausenden geschriebenen Mantras darin freisetzt. Und eine jede Umwanderung einer *Mani*-Mauer wiegt soviel wie ein Heruntersagen der Mantras, die in ihre flachen Steine gehauen sind, so wie auch jedes Flattern einer Gebetsfahne die aufgedruckten Zauberformeln in den Wind hinausschickt. Gebet, Umwanderung, Niederwerfung, Opfergaben – all diese Rituale verheißen religiösen Lohn, und sie alle sind konkret faßbare Bindeglieder des Dienenden zu seiner Göttlichkeit.

Endlose Tage rollten wir über goldene, von Hügeln umrandete Ebenen; die nackten Hügelflanken mit bunten Farbtupfern gemustert, lachsfarben, sienabraun, purpur. Von meinem Platz auf der Ladung sah ich in weiter Ferne Lastwagen über das Land rollen, die große Staubwolken wie Banner hinter sich herzogen. Nomaden scheuchten ihre halbwilden Herden aus unserem Weg und drehten sich dann wieder nach uns um, um uns vorbeirollen zu sehen; winzige Gestalten, die allein in der Weite standen. Diese *Drogpas*, »Leute der Hochweiden«, zählten zu den wenigen, die hart genug waren, dem kargen Boden Westtibets ihren Unterhalt abzuringen, und wir begegneten ihnen oft bei unseren Halten am Weg. Jedesmal glaubten wir, allein auf der riesigen Ebene zu sein. Dann tauchte eine Schafherde kaum sichtbar irgendwo am Horizont auf; eine feine Linie, die näherkommend allmählich größer wurde. Jedesmal sah uns der Nomade zuerst und kam heran, um die Fremden auf seinem Gebiet näher zu betrachten.

Ihre Art, zugleich stolz und schüchtern, ausweichend und aggressiv, wurde mir bald vertraut. Sie standen da und starrten mich feierlichen Gesichtes, in der Kleidung eines anderen Jahrhunderts an. Ihre weite *Tschuba* war an den Hüften zusammengebunden, die Ärmel baumelten bis unter die Knie herab, an ihren Schärpen hingen Zunder- und Nadelbeutel in Ledereinlegearbeit und Messer mit knöchernen Griffen steckten darin. Am fesselndsten aber waren ihre Gesichter: makellos glatter, rotbrauner Teint, dreifach geflochtene schwarze Zöpfe und Augen mit einem Blick, wie von einem anderen Planeten, weit entfernt von allem, was ich bisher gesehen hatte.

Ihr Starren war fast unergründlich. Es kam aus einer Welt der offenen Weiten, der kalt blinkenden Sterne und der im Schatten gewaltiger Berge aufgeschlagenen Zelte. Für diese Menschen gab es kein Geteiltsein. Leben und Arbeit waren eins, so wie auch der Tag nicht in Stunden zerhackt, sondern durch den Lauf der Sonne als Linie an den Himmel geschrieben war. Das Leben und die Zeit flossen beide dahin, und dies zeigte sich auch in den Augen, die sich eindringlich und unbewegt in die meinen bohrten. Sie wogen mich, das war klar, und ich hatte zuweilen das unbequeme Gefühl, daß sie mich für zu leicht befanden. »Sie sind die einzigen Menschen, die ich beneide«, schrieb Giuseppe Tucci. »Sie sind ungebunden

Auf der Straße zum Kailas geben die Lastkraftwagen oft ihren Geist auf *(unten)*: Die Fahrer sind auf sich selbst angewiesen, wenn es sie zu reparieren gilt. *Rechts*: Ein Fahrgast wirft einen chinesischen *Dschai Fang* (»Befreiungs«)-LKW, Standardmodell auf Tibets Straßen, mit der Kurbel an.

Gesichter der Reise: *links oben* ein Khampa aus Osttibet; *rechts oben* betet ein Dschain-Pilger in Tartschen; *rechts* lachen zwei Khampas über einen Scherz während der langen Fahrt zum Kailas.

und heiter – gelassen in ihrer angeborenen Einfalt. Wie sie durch diese unendlichen offenen Räume wandern, scheint es, als ob sie zwischen Himmel und Erde schweben würden.«

Endlose Stunden der Fahrt über flache Ebenen – und dann sperrte plötzlich ein Gebirgszug den Weg. Eine feine Vorausahnung kam auf, während sich der LKW die Steigung zur Paßhöhe hinaufquälte. Stundenlang dauerte die Steigung, bis ich mich schon fragte, ob es überhaupt noch höher hinauf gehen könne. Mit zugekniffenen Augen hielten wir nach den Steinhaufen und den windzerschlissenen Gebetsfahnen Ausschau, die die Paßhöhe anzeigen mußten. Endlich tauchten ihre Umrisse auf. Die Begeisterung brach sich Bahn. Für einen Augenblick schien es, als ob jedermann den Atem anhalten würde, dann brachen alle, ganz oben auf der Ladung sitzend, in Jubelrufe aus: »La, so, so, so, so!«, »Lha ghyalo!« – »Sieg den Göttern!« Ein Khampa stieß einen durchdringenden Schlachtruf aus, »Ki-ki-ki-so!«, und wir lächelten einander an; die Spannung war gelöst. Von der Gewalt der Schwerkraft befreit, rollte unser Wagen bergab, dem neuen Land entgegen.

Dann und wann hielten wir auf einem Paß und stiegen aus, um im Uhrzeigersinn die Steinhaufen zu umwandern, neue Gebetsfahnen anzubringen und weitere Steine hinzuzufügen. Wie die große Umwanderung des Kailas, auf die wir zustrebten, war auch dieses *Kora*, ein für die tibetische Religionsausübung so grundlegendes Ritual, daß das Wort für Pilgerfahrt selbst, *Nekorwa*, nichts anderes bedeutet als »Kreise um heilige Stätten ziehen«.

Der Staub, die Sonne, die Weite der Landschaft und das eintönige Brummen des Motors hielten uns in ihrem Bann. Wie die Tage vergingen, wurde es immer leichter, in eine Art Trance zu verfallen, in der der Geist sich völlig aus den Fesseln des Körpers löste und seinen eigenen Träumen lebte. Ein Tal hinab, dann über einen Rücken – und plötzlich lehnte sich der Mann neben mir zur Seite hinaus. »Kang Rinpotsche!« rief er. Am Horizont erhob sich eine unverkennbare, eisgekrönte Pyramide aus einer Bergkette heraus: Kang Rinpotsche, der »Kostbare Schneeberg«, der Berg Kailas. Alle waren still, in den Anblick unseres Zieles vertieft, welches jetzt endlich in Sichtweite war und langsam näherrückte. Die Mantras hoben wieder an; einige falteten ihre Hände vor den Gesichtern und beugten sich in Ehrfurcht. Für mich ordneten sich die Dinge plötzlich wie von selbst. Die Mühen der Reise hatten mir den Anblick des Zieles nicht, wie ich anfangs befürchtet hatte, gleichgültig werden lassen, sondern, im Gegenteil, verheißungsvoller und fesselnder.

Der Lastwagen schleppte sich und uns bis zur kleinen Siedlung Tartschen, dem traditionellen Ausgangspunkt der Pilgerreise, unter der Südflanke des Berges. Bis vor vierzig Jahren war dies ein bedeutendes Zentrum des Wollhandels mit Indien, und im Sommer sprenkelten die Zelte und Herden der nomadischen Viehzüchter die umliegenden Ebenen. Die Beschränkungen im Gefolge des indisch-chinesischen Grenzkrieges brachten das Geschäft zum Erliegen. Heute besteht Tartschen aus einer Handvoll niedriger Steingebäude, einer staatseigenen Herberge für Pilger aus Indien und einem ockergelb-verwaschenen Kloster, das die Pilger aus Tibet unterbringt.

Im Sommer gibt es viel Kurzweil in Tartschen: Lastwagen kommen an und fahren wieder ab, laden und entladen in endlosem Kreislauf Fahrgäste und Güter, Zelte werden aufgeschlagen und regelmäßig vom Nachmittagssturm wieder umgefegt, und zwischen den Unterkünften herrscht ein ständiges, neugieriges Kommen und Gehen. Auch unsere Khampas stellten ihre Zelte auf und breiteten ihre Waren zum Verkauf aus, während die Pilger sich auf den Weg um den Kailas machten. Die meisten Tibeter versuchen, mehr als nur eine *Kora* auszuführen; drei ist eine verbreitete Zahl, dreizehn das Ziel für die ernsthaften unter ihnen, und Jahr für Jahr gibt es welche, die sich näher an ihr Ziel von einhundertacht *Kora* heranarbeiten, welches ein entschlossener Geher in zwei Jahren erreichen kann. Ein einziger Rundgang, so heißt es, löscht die Sünden eines Menschenalters, zehn davon die einer Ewigkeit, während einhundertacht, eine heilige Zahl, das Nirwana sichert.

Diese Zahlen sollte man jedoch nicht wörtlich nehmen. Um zur Erleuchtung zu gelangen, ob nach einer *Kora* oder nach tausend, »muß dein Geist in Verbindung mit den Göttern und heiligen Dingen sein«, wie uns ein Tibeter sagte. Ohne diese Ehrfurcht im Sinn, durch reines

Umwandern, ist nichts gewonnen. In der Praxis werden diese Einsichten zuweilen beiseite geschoben. In Tartschen kann der Kranke oder auch der Faule Stellvertreter mieten, die den mühsamen Weg an seiner Stelle zurücklegen. Der religiöse Lohn teilt sich dann auf den Stellvertreter und seinen Auftraggeber. Will man den vollen Lohn für seine gute Tat, so darf man sich nicht vertreten lassen. Sogar die Benutzung eines Reittieres schmälert diesen – außer bei Schwerkranken oder kleinen Kindern – zugunsten des Reittieres.

Die meisten Tibeter ziehen es vor, den Kailas an einem einzigen Tag zu umwandern; ein zwölf- bis siebzehnstündiger Gewaltmarsch, der aber ihrer Versicherung nach leichter ist als ein zwei- bis dreitägiges Unterwegssein mit schwerem Gepäck. Einmal versuchte ich diese *Nying-kor*, diese »Nachmittagsrunde« und ich mußte ihnen rechtgeben. Frühere Forscher hatten einen geringschätzigeren Begriff für die eintägige *Kora* überliefert: *Kyi-kor*, »Hundekora«, der unziemlichen Eile wegen, mit der sie ausgeführt wurde. Die heutigen Pilger jedoch vermeiden diesen Terminus. Eintägige *Kora* sind eben ein kostenwirksames Mittel, um tugendhaft zu werden; ein Mann kann, wenn er in guter Form ist, an einem Tag gehen, dann rasten und am nächsten Tag schon wieder unterwegs sein, und die Frauen ebenso. Die alten Weiblein aus Tartschen ließen uns bei der eintägigen Umwanderung alle hinter sich.

Es waren auch viele Bönpo-Pilger in Tartschen, aus dem fernen südöstlichen Grenzgebiet angereist, wo Bön noch blüht. Sie gingen ihren Weg um den Berg im entgegengesetzten Uhrzeigersinn. Und es gab auch Hindu-Pilger – doch waren sie nicht mehr die barfüßigen Reisenden von einst, die sich allein durch ein ungewohntes, hochgelegenes und lebensfeindliches Land mühten. Die heutigen indischen Wallfahrten werden unter der gemeinsamen Aufsicht der indischen und der chinesischen Regierung organisiert. Nach einem wochenlangen Treck über weglose Gebirge gelangen sie über die indische Grenze in das tibetische Dorf Purang, von wo aus sie per Bus in ihr heiliges Land befördert werden. Dort werden sie in zwei Gruppen geteilt und machen ihre Runden um den Kailas und Manasarowar zu Fuß, per Yak oder auf dem Pferderücken. Die »Fahrpläne« erlauben den Besuch von einem Dutzend Gruppen innerhalb einer Saison.

Früher wurden die Reihen der Hindus, die zu Schiwas Thron kommen durften, durch die Stärke ihres Glaubens ausgesiebt und durch die Unbilden der Reise. Heute besorgt dies das indische Außenministerium, indem es aus einer Flut von Bewerbern einfach zweihundert Teilnehmer auslost. Die meisten davon sind Geschäftsleute mittleren Alters aus Delhi, Kalkutta, Bangalore, Bombay – Männer von Welt, die selbst zugeben, nicht übermäßig religiös zu sein, doch alle erklären ihre Dankbarkeit und Freude darüber, hier sein zu dürfen. »Nie hätte ich gedacht, jemals in meinem Leben hierher kommen zu können«, sagte einer. »Ich bin so glücklich ... das ist der Traum meines Lebens«, waren sich alle einig. So tief sind Kailas und Manasarowar in der Hinduseele verwurzelt, daß selbst die erklärtermaßen Ungläubigen in der Gruppe von ihrem Anblick tief bewegt sind.

Während ich das Kommen und Gehen der Pilger in Tartschen betrachtete, hatte ich Zeit, die Pilger von heute mit jenen von früher zu vergleichen. Auf den ersten Blick scheint sich vieles geändert zu haben: Mit den durch die modernen Transportmittel verkürzten Entfernungen könnte man das Engagement der Pilger als entsprechend verringert empfinden.

Die Pilger von einst näherten sich langsam zu Fuß oder zu Pferd in einjähriger oder gar noch längerer Reise aus den fernsten Gegenden Tibets oder Indiens. Manche legten jeden Zentimeter des Weges auf den Boden niedergestreckt zurück und maßen in tiefster Hingabe die Länge des heiligen Pfades mit ihrer eigenen Körperlänge aus. Die Anziehungskraft des Berges war unerklärlich; seine Verehrung entsprang nicht organisierter Religionsausübung, sondern dem Verlangen, das Göttliche auf seine persönliche Art und Weise zu erfahren. Mit Pilgerstäben in der Hand und Mantras auf den Lippen wanderten sie von Sonnenaufgang bis Sonnenuntergang, von ihrem Ziel gleichsam magnetisch angezogen. Sie trugen keine Waffen und hatten keinen Schutz gegen die Gefahren der Reise, mit Ausnahme eines Amulettschächtelchens oder eines türkisbesetzten, glückbringenden Ringes. Sie vertrauten ihrem eigenen Karma und der Gnade wohlwollender Gottheiten wie Tschenresig und Tara, die sie, wie sie zuversichtlich hofften, gut zum Ziel führen würden. Und wenn nicht – der Tod schreckte keinen, denn auf der Pilgerfahrt zu sterben galt als höchste Tugend.

Hindus, Buddhisten, Bönpo – sie teilten miteinander die Härten der Reise: Hunger und Durst, bittere Kälte und brennende Sonne, gefährliche Passagen über hohe Berge und reißende Flüsse. Im Sommer streiften Räuberbanden im Kailasgebiet umher und griffen Handelskarawanen und Pilgergruppen an. Die nomadischen Banditen waren »unerbittlich, wenn sie nur den leisesten Widerstand fanden«, wie ein Reisender bemerkte, doch in ihrer Art auch wieder demütig, denn sie schenkten einen Teil ihrer Beute den Klöstern. Nur selten töteten sie ein Opfer oder plünderten es völlig aus, was in jenen Öden einem Todesurteil gleichkäme. Bei seinem Besuch des Kailas im Jahr 1900 beobachtete der japanische Mönch Ekai Kawaguchi einen jungen Khampa-Banditen, der sich eifrig vor dem heiligen Berg niederwarf, um seine Sünden der Vergangenheit zu bereuen und um sich auch gleich für die zu entschuldigen, die er in Zukunft zu begehen dachte – »eine bequeme Methode der Reue«, wie Kawaguchi trocken bemerkte.

Die Pilger nahmen diese Härten ohne Murren in Kauf; nicht als feindliches Schicksal, sondern als Mittel zum Zweck, als Werkzeug, mit dem sie sich ein neues Leben schufen. Und hierin bleibt auch die Gemeinsamkeit mit den Pilgern von heute erhalten, denn deren Glaube ist ebenso stark und er erlaubt ihnen, all die Prüfungen des Weges zu bestehen. Ihre Augen hängen an einem Größeren, und solange sie dieses Ziel im Sinn behalten, gibt es nichts wirklich Schwieriges für sie.

Jeder dazu Entschlossene kann den Kailas erreichen. Damit aus seiner Reise eine Pilgerschaft wird, muß er sich der verändernden Kraft nicht nur seines Zieles, sondern auch des Weges dorthin stellen: Entbehrung, Gefahr und vor allem der Bruch mit den täglichen Gewohnheiten, das ständige Gefaßtsein auf neue Situationen. Der Pilgerweg reinigt die Seele, er läßt den Fahrenden etwas anderes, größeres erahnen als sein begrenztes Ich. Diese verändernde Kraft scheint aus den Gesichtern jener wieder, die sich ihrer Wallfahrt mit ganzem Herzen verschreiben. Francis Younghusband beschrieb die Begegnung mit Hindu-Pilgern, die gerade vom Kailas zurückkehrten: »Sie haben einen solchen Zustand der Heiligkeit erreicht, daß diese förmlich von ihnen ausstrahlt.« Eine wirkliche Wallfahrt hebt den Pilger aus seinem Alltags-Ich heraus in ein Reich jenseits des Ego. Gibt sie ihm dann das Ich wieder zurück, so ist das ganze Leben eine einzige, endlose Pilgerfahrt geworden.

Rosenkränze dienen dazu, im Geist rezitierte oder ausgesprochene Wiederholungen der Mantras zu zählen; die tägliche Gesamtzahl der Gebete kann in die Tausende gehen.

Nach beendeter Pilgerfahrt um den Kailas hält ein Nomadenjunge in einer ruhigen Pausenminute sein Pferdchen am Zügel, während seine Familie sich bereitmacht, Tartschen zu verlassen.
Umseitig: Zwei Dutzend Passagiere drängen sich auf der Ladefläche eines Lastwagens unterwegs zum Kailas.
Nebenbild: Gelangweilt wartet ein Mönch aus Ladakh darauf, daß sein Wagen losfährt. Obwohl die Motorfahrzeuge die Reise, welche einst Monate und Jahre dauerte, beschleunigen, bringt das Leben auf der Straße seine eigenen Härten mit sich.

Die Pilger zum Kailas sind eine Mischung verschiedener Glaubensgemeinschaften und Kulturen. *Obere Reihe, von links nach rechts*: Hinduistischer *Saddhu* oder Wanderasket; Tibetischer Nomade mit Amulettschachtel; garnspinnende Purangi-Frau. *Mittlere Reihe*: Hindu-Frau im Gebet; tibetischer Junge mit Pilgerfahne; Khampa-Mann aus Osttibet. *Untere Reihe*: Hindu aus Nepal; tibetischer Lama (ein geistlicher Lehrer); ein weiterer Lama, aus der Gegend von Amdo.

Aus den Gesichtern der tibetischen Nomaden spricht die Zähigkeit und der Stolz, die das Wanderleben in den weiten, offenen Räumen heranzüchtet. *Oben*: Eine junge Frau, deren Familie im Gebiet von Gertse nomadisiert. Ihre Wangen sind mit rotem Ocker geschminkt. *Gegenüber*: Ein Junge aus Rutok: sein makelloser Teint, geflochtenes Haar und kühl starrender Blick sind Kennzeichen des Nomaden.

Umseitig: Rutok-Frauen auf Pilgerschaft. Sie tragen ihr Wintergewand: buntgemusterte, schafpelzgefütterte Filzmäntel. Jedes Gebiet Tibets hat seine eigene Tracht und seinen eigenen Schmuck. Diese Mäntel sind typisch für Westtibet.

Das Leben unterwegs ist eine harte Sache für Reisende in der Provinz Ngari, doch die findigen Tibeter sind dieser Herausforderung gewachsen. *Rechts*: Der Rauch der Feuerstellen, an denen Khampa-Händler bei Tartschen Tee kochen, glänzt im Morgenlicht. Händlergruppen reisen jeden Sommer kreuz und quer durch Westtibet, um Geschäfte mit Pilgern, Dorfbewohnern und Nomaden zu machen. *Unten*: Das um den Kopf gewundene rote Troddeltuch ist ein Zeichen für die osttibetische Herkunft dieses Khampa-Mannes, der bei einer Rast unterwegs gerade ein Feuer entzündet. Brennholz ist im baumlosen Westtibet sehr knapp; Gras, Gestrüpp und getrockneter Yakmist dienen als Brennstoff.

Eine tibetische Familie auf der breiten, leeren Hauptstraße von Gertse, einer von den Chinesen erbauten Siedlung an der nördlichen Straße zum Kailas. Kleine Ortschaften wie diese liegen zerstreut entlang der eintausendfünfhundert Kilometer langen Landstraße, welche den Kailas mit Zentraltibet verbindet; Lastwagen versorgen sie und verbinden sie mit der Außenwelt. *Unten*: Bunte Farben beleben das Alltagsleben: Zwei Pilger kehren mit wassergefüllten Teekesseln vom Tartschen Tschu zurück. Ihre traditionellen Trachten haben sich auch in jüngster Zeit wenig verändert, wenn man von den Hosen absieht, die sie aus Gründen der Wärmehaltigkeit unter der langen *Tschuba* tragen, und von den Turnschuhen, die die Filzstiefel ersetzen.

Das Leben der tibetischen Nomaden hat sich im Lauf der Jahrhunderte kaum verändert. Kleine Stammesgruppen durchstreifen die offenen Ebenen Westtibets; die kargen Weiden zwingen sie zu einem autarken Leben und zu ständiger Wanderschaft.
Links: Das schwarze Zelt und die Herde einer Nomadenfamilie: eine typische Szene in der Nähe von Rutok. *Unten*: Beim Zusammentreiben seiner Herde kämpft dieser Mann mit einem seiner Tiere. Wie die Yaks, so geben auch die Schafe Milch, Fleisch, Wolle und dienen ebenso als Transportmittel; überschüssige Wolle wird an die Regierung und an nepalesische Händler verkauft. *Umseitig*: Ein Lastwagen kriecht durch die Weite Westtibets. Bis zum Eindringen der Chinesen in den fünfziger Jahren hatte Tibet keine Straßen. Heute ersetzen Lastwagenkonvois die Tragtierkarawanen, die einst durch die Abgelegenheit Ngaris zogen.

Gebetsfahnen bezeichnen eine Fußfallstätte am Ufer des Sees Manasarowar. Eine Rutok-Frau aus Westtibet beugt sich zum heiligen Ufer hin, die Hände zur ersten Geste der »achtgliedrigen Verbeugung« erhoben, die sie in Verehrung mit dem Boden verbinden wird. Die Tibeter nennen den See Tso Mapham, »Der unbesiegte See«, oder auch »Tso Rinpotsche«, »Der kostbare See«. Seinem klaren Wasser wird Wunderheilungskraft zugeschrieben. Die Frau hat den hinter ihr stehenden Plastikkanister mit dem heiligen Wasser gefüllt, um es in religiösen Ritualen zu Hause zu verwenden.

3 Der kostbare See

»Wann immer einer den Boden um den Manasarowar berührt oder wenn er in dem See badet, so wird er ins Paradies des Brahma eingehen; und der, der von seinen Wassern trinkt, wird in Schiwas Himmel eingehen und wird von den Sünden von hundert Wiedergeburten erlöst werden. Selbst das Tier, das den Namen des Manasarowar trägt, wird in Brahmas Paradies eingehen. Die Wasser des Sees sind wie Perlen.« *(Ramayana)*

Am Anfang war das Wasser. Bevor der Mensch war oder die Schöpfung, ja, selbst bevor noch die Götter geboren waren, bedeckte das Urmeer alles. Die tibetische Schöpfungsgeschichte erzählt von einem gewaltigen Sturmwind, der aus dem Nichts heranbrauste und den kosmischen Ozean zu gewaltigen Wogen aufwarf. So wie der Rahm auf der Milch eindickt, so wurden auch die Wellen zu Erde, und die Götterberge wuchsen Stockwerk um Stockwerk am Nabel der neugeschaffenen Welt in die Höhe. Auch in hinduistischen Texten steht ein kosmisches Meer am Ursprung der Welt. Der Gott Wischnu trieb ewige Zeiten träumend darin, bis die Lebenskraft sich regte und aus dem unendlichen Schoß des Wassers die ganze Schöpfung entsprang.

Diese uralten Mythen wurzeln in geologischen Tatsachen. Vor vierzig Millionen Jahren lag der heutige Himalaya unter dem tropischen Tethysmeer; Fische schwammen dort, wo heute Berge aufragen, und der schneebedeckte Gipfel des Kailas war noch nicht mehr als ein Paket zusammengepreßter Schlammschichten auf dem Meeresgrund. Auch heute findet man marine Fossilien an den staubtrockenen Hügeln in der Umgebung des Kailas, und Reste des einstigen Meeres sind in den Salzseen erhalten geblieben, die die Weite des Tschang Tang, der nördlichen Ebene sprenkeln.

Auch der alte Glaube an das unendliche Schöpfungspotential des Wassers ist in der Verehrung des Sees Manasarowar, neunundzwanzig Kilometer südöstlich des Kailas, erhalten geblieben. Die Tibeter nennen ihn Tso Mapham, »Der unbesiegte See«, oder aber Tso Rinpotsche, »Der kostbare See«. Für sie ist das Zusammentreffen von Kailas und Manasarowar kein Zufall. Die Verbindung von geheiligtem Berg und See bezeichnet eine Weihestätte für den Bönpo, denn die beiden sind »Vater und Mutter der Welt«. Manasarowar ist in jeder Hinsicht das unzertrennliche Gegenstück des Kailas: Der See ist das Weibliche zum Männlichen des Berges, die Empfänglichkeit für seine Ausstrahlung, die Tiefe zu seiner Höhe, ein Spiegel seines stolzen Dastehens; und seine Tiefen und Farben enthalten ein gleichermaßen erhabenes Mysterium. Kailas ist ein unverrückbar dastehender Tempel, ein Brennpunkt aller Verehrung; Manasarowar ist ein sich wandelnder, flüssiger Spiegel für stille, kontemplative Betrachtung.

Der von Süden, von Indien und Nepal her kommende Pilger müht sich zum 4910 Meter hohen Gurla-Paß hinauf – und sieht mit einem Mal das heilige Land ausgebreitet vor sich liegen. Zu seiner Rechten liegt die türkisfarbene Scheibe des Manasarowar. Eine schmale Landzunge trennt ihn von dem dunkleren Halbmond seines Nachbarsees, Raksas Tal, zu seiner Linken. Ursprünglich bildeten die beiden Seen eine Einheit, bis eine Insel in ihrer Mitte zu einem trennenden Landstreifen auswuchs. Geradeaus, am nördlichen Horizont glänzt der Eisdom des Kailas. Der Anblick ist von solch überirdischer Schönheit, »daß sich sein Betrachter fragt, ob er denn aus dieser Welt sei oder ein Traumbild aus der nächsten«, wie Lama Gowinda schrieb.

In dieser Landschaft liegt eine symbolische Botschaft verschlüsselt; den natürlichen Formen sind transzendente Deutungen unterlegt. Die Gestalt des Manasarowar ist rund, wie die Sonne, und sie symbolisiert die Kräfte des Lichtes; im Sanskrit bedeutet *Manas* Verstand, Bewußtseinskraft und Erleuchtung. Aber so, wie das Bewußtsein vom Unbewußten ergänzt wird, so findet der Manasarowar sein Gegenstück im halbmondförmigen Raksas Tal an seiner Westseite. Nach den menschenfressenden Dämonen der Hindu-Mythologie, die in seinen Tiefen hausen sollen, benannt, verkörpert Raksas Tal alles Mondhafte, Feminine, Unterbewußte. An windstillen Tagen bildet seine glatte Wasserfläche einen wunderbaren Spiegel für den Eisdom des Kailas, doch die Pilger meiden seine einsamen Ufer, und nur ein einziges Kloster steht an ihnen. Alte Schriften raten den Hindus, nur einen einzigen

Blick der Verehrung in seine Richtung zu werfen und dann vorbeizueilen; zu stark seien die hier wohnenden Mächte der Finsternis, als daß sich der Reisende lange in ihrer Nähe aufhalten sollte.

Die Sage erzählt, daß der Raksas Tal vor Zeiten vergiftet war. Dann grub ein goldener Fisch aus dem Manasarowar auf verzweifelter Flucht vor dem Angriff eines Artgenossen einen schmalen Verbindungskanal zwischen den beiden Seen, und der Zustrom des heiligen Wassers läuterte den Raksas. Der Kanal heißt Ganga Tschu; sein Wasser versiegt je nach Jahreszeit und Jahr. Während des vorigen Jahrhunderts lag er größtenteils trocken; sehr zur Verzweiflung der Tibeter, die dies als schlechtes Omen deuten. Hoher Wasserstand im Tschu, sagt man, bedeute Gutes für die ganze Welt, denn er verbinde den Bräutigam Manas mit seiner Braut Raksas und zeige an, daß die wirkenden Kräfte im Einklang miteinander stünden.

Manasarowar, der See, der aus dem Geist Brahmas geboren wurde, zählt zu den ältesten und heiligsten Pilgerorten der Hindus. Ihre Sagen berichten von zwölf Rischis, weisen Sehern, aus vorwedischer Zeit, welche sich in dieses abgelegene Land begaben, um hier zu beten und zu meditieren. Sie blieben viele Jahre lang, übten Buße und Enthaltsamkeit und wurden dafür mit einer Vision Schiwas und Parwatis belohnt, des Götterpaares des Kailas. Jedoch fehlte ihnen in dem trockenen Land eine Möglichkeit, die für Hindus vorgeschriebenen täglichen Waschungen durchzuführen. Die Rischis beteten zu Brahma, um ihre Pflichten erfüllen zu können. Da schuf der Gott aus den Tiefen seines allumfassenden Geistes heraus den Manasarowar, den See des Geistes. Im Augenblick seiner Erschaffung, heißt es, ragte ein goldener *Linga*, das Zeugungssymbol Schiwas, aus dem Wasser auf, und die Rischis neigten sich in Verehrung davor.

Kein Bericht überliefert, wann die ersten Hindu-Pilger den Himalaja überqueren, um ihre rituellen Bäder im Wasser des Manasarowar vorzunehmen und um seine Ufer zu umwandern. Der Ursprung seiner Helligkeit liegt tief im Unterbewußtsein vergraben. Hinweise auf den heiligen See durchziehen die Seiten der Hinduklassiker ebenso, wie die frühe buddhistische Literatur. Er ist der »See des Geistes«, ohnegleichen und »das einzige wirkliche Paradies auf Erden«. »Ich erschaue Manas; auf ihm wohnt in Schwanengestalt Schiwa«, heißt es in der Ramayana. »Dieser See wurde aus Brahmas Geist geboren: Dort wohnen auch MahaDew und alle Götter.«

Manasarowar wird als göttliches Paradies geschildert: Königliche Schwäne, die Wahrzeichen Brahmas, schwimmen auf seiner Wasserfläche neben Boddhisatwas und auf gewaltigen Lotusblüten thronenden Buddhas. Das Mahanirwana Tantra beschreibt den Kailas in ähnlich prächtigen Farben:

> »Bezaubernder Gipfel des Herrn aller Berge ... gekleidet von gar manchem Baum und von gar manchem Rankgewächs, besungen von gar manchem Vogellied, duftend nach den Wohlgerüchen aller Blumen, umfächelt von leichten, kühlen und wohlriechenden Lüften, von stattlichen Bäumen still überschattet.«

In Wirklichkeit zeigt dieses trostlose Hochland nichts von solcher verschwenderischen Pracht: Blumen, Bäume und kühle, wohlriechende Brisen sind ihm ebenso fremd wie der Sahara. Doch durch die weiten Räume strahlt das Licht mit überirdischer Intensität, und es schafft einen herben, schlichten Rahmen für die Juwelen, welche die Landschaft krönen.

»Kaley pep!« »Yangpo pep!« – Wir riefen unseren Begleitern Lebewohl zu, während der Lastwagen davonfuhr, und schulterten dann unsere Rucksäcke, um den langen Marsch zum Manasarowar anzutreten. Fette Hasen stoben aus dem Gestrüpp und suchten in langen Sprüngen das Weite. Darüber hinaus aber war wenig Wild zu sehen. Einmal sichteten wir drei Kyangs in der Ferne, doch die graubraunen Wildesel hatten uns auch schon bemerkt und galoppierten über die Ebene davon. Wir konnten uns glücklich schätzen, diesen Anblick erhascht zu haben, denn in den letzten fünfzig Jahren hat sich hier vieles verändert, wo es einst von gewaltigen Kyang- und Antilopenherden wimmelte. Gowinda schrieb von Vögeln,

Dieser Pilger *(rechts)* trägt auf den Hügeln um den Manasarowar gesammelte Heilkräuter.
Unten: Raksas Tal, der »Dämonensee«, ist Manasarowars symbolisches Gegenstück und stellt die dunkle, verborgene Seite des Lebens dar.

Butterlampen flackern vor dem Altar der Seralung Gompa *(oben)*. Ein Foto des Dalai Lama *(rechts)* als Heiligtum in der Amulettschachtel eines Pilgers.

welche zu seinen Füßen landeten, und Kyangs, welche friedlich in Sichtweite grasten, doch das war zu einer Zeit, in der die Jagd verboten und die ganze Umgebung des Kailas als heiliges Land geschützt war. Mit der Ankunft der Chinesen und mit dem Bau von Straßen wurde der Wildbestand dezimiert. Selbst Tibeter jagen und fangen heute in diesem Gebiet, und auf dem Distriktmarkt von Ali findet ein reger Handel mit Fuchsfellen statt – sie werden zu eindrucksvollen Pelzhüten verarbeitet.

Rund um uns erstreckten sich wellige Ebenen, und darüber spannte sich die blaue Kuppel des Himmels. Die Weite des Raumes war berauschend und die dünne Luft ebenso; sie raubten der Perspektive jeden Orientierungswert. Anstehende Felsen an fernen Hängen standen mit unglaublicher Klarheit hervor. Vom spärlichen Gras unter den Füßen bis zur Gipfelkette am Horizont – alles leuchtete kristallklar in dem blendenden Licht. Goldgrüne Ebenen und purpurfarbene Berge mit schneebedeckten Spitzen erhielten von den Schatten bauchiger Wolken Tiefe und Struktur. Vom See her, der als tiefblauer Streifen am Horizont erkennbar war, stiegen graue und silberne Wolkenbänder auf; der Wind trieb sie in den Himmel hinauf und zerriß sie zu phantastischen Formen. Ein gezackter Drache verfolgte seine Beute, und schon lösten sich beide Gestalten auf, um sich sogleich wieder in andere Formen zu verwandeln. In der Abenddämmerung steigerte sich der Himmel zum Drama. Sonnenuntergang und Sturm trafen zusammen, und die aufgetürmten Wolken fingen das Licht ein und hielten es fest. Flammende Dunstvorhänge senkten sich auf die Gebirgsketten herab und verbanden Himmel und Erde. Für einen Augenblick schien alles ringsum, sogar die Grasspitzen, zu lodern. Die ganze Natur hielt den Atem an angesichts dieses Schauspiels, nur drei weiße Kraniche ruderten mit schweren Flügelschlägen durch den Wind.

Am nächsten Tag schien der See uns zum Narren halten zu wollen, denn er wich um so weiter zurück, je länger wir auf ihn zugingen. Hochwasser führende Zuflüsse zwangen uns kilometerlange Umwege vom Nordufer ins Binnenland auf, und mir wurde klar, weshalb die Tibeter für die Umwanderung den Winter wählen, wenn See und Flüsse zugefroren sind und man einfach der Uferlinie folgen kann. Stundenlang stapften wir über hügeliges Grasland und durch Morast; ein prächtiges Weidegebiet für die Pferde ringsum, für uns als Fußgänger jedoch ein schwieriges Terrain. Endlich wich das Gras den Sanddünen. In ihren Flanken glitten wir zum Ufer des Manasarowar hinab.

Ich stand auf dem Kies, das Wasser leckte an meinen Bergschuhen, und ich schaute über die blaue Unendlichkeit. Was mich als erstes überraschte, war die Größe des Sees. Mit vierundzwanzig Kilometern Durchmesser und achtundachtzig Kilometern Umfang ist der Manasarowar ein richtiges Binnenmeer, groß genug um die fromme Anteilnahme zu verkraften, die ihm zuteil wird. Nur wirklich Aufrichtige machen sich an diese *Kora*, denn ihre Länge ist so groß, daß sie nicht an einem Tag bewältigt werden kann, und nur wenige Begleiter trifft man unterwegs. Die Größe des Manasarowar, seine Abgelegenheit und sein eigenes Wetter ließen ihm eine überirdische Bedeutung zukommen. Er ist eine Quelle ursprünglicher, unbezähmter Kraft, Kraft von Brahmas Geist, welche in immerwährender Aufeinanderfolge erschafft, zerstört und neu erschafft.

Allein am Ufer entlang wandernd, ließ ich den Zauber des Sees auf mich wirken. Ein unerschöpflicher Farbenschatz – Türkis, Saphir, Lapislazuli, Smaragd, Malachit – schwebte in ihm, um bei der geringsten Berührung durch Wind und Wetter emporzusteigen. Die Farben und Stimmungen des Manasarowar wechselten ebenso schnell wie das unstete Leuchten eines Opals. Frühmorgens, bei Windstille und klarem Himmel spielte seine ruhige Wasserfläche in zartem Kornblumenblau. Im Tagesverlauf dunkelte sie dann zu einem Farbton von solcher Tiefe nach, daß selbst der tibetische Himmel dagegen verblaßte. Ein leichter Wind kräuselte die Wasserfläche zu Wellen, die dann und wann wie Diamanten zur Sonne aufblitzen und leise plätschernd an das Kiesufer schlugen. Als die Sonne die Wassermasse aufzuheizen begann, stieg unsichtbar Wasserdampf zum Himmel empor. Wolken wurden aus der Tiefe geboren, und der See nahm ihre Gewalt wieder auf, verzehnfachte sie und wurde zum sturmgepeitschten, tobenden Meer. Am Nachmittag schlugen die Brecher am Strand zusammen und die Wasserfläche war von den weißen Streifen zahlloser Schaumkronen gezeichnet.

Die Vogel-Gompa und Elefantenrüssel-Gompa, das Kloster im Tal der Hagelkörner, die Südliche Pforte zur Kopfwaschung: ihre kleinen Gebäude stehen am Ufer des Manasarowar. Ursprünglich waren es acht Klöster; nach der Kulturrevolution blieb keines mehr übrig. Seit 1981 wurden fünf davon mit Regierungsgeldern und mit Spenden von Pilgern und Einheimischen wieder aufgebaut. Jetzt bieten sie den Pilgern auf ihrem Weg um den See wieder Schutz und Unterkunft.

Wir erreichten die Seralung Gompa am glückverheißenden Tag des Vollmondes und fanden einen Mönch und einen Laienbruder gerade damit beschäftigt, eine ganztägige Tempelzeremonie zu zelebrieren. Sie leierten Gebete aus einem Stapel länglicher Schriftstücke herunter. Eine Glocke in der Linken, einen *Wadschra* (der rituelle »Donnerkeil«, welcher das Absolute symbolisiert) in der Rechten, blätterte der Mönch Seite für Seite mit Dankesgesten um und schüttelte eine kleine, lederbespannte Trommel dazu, wenn der Gesang zu einem Crescendo anschwoll. Viermal neun Butterlampen brannten vor einem Altar, auf dem eine Sammlung von Fotos des Dalai Lama, des im Exil lebenden tibetischen Oberhauptes, stand, und Lackmasken starrten aus den hinteren Nischen. Seralung war vor drei Jahren etwas westlich des alten Klosters neu erbaut worden. Die Äußerlichkeiten der Religion ließen sich ziemlich leicht wiederherstellen, doch die menschliche Komponente bereitete, wie übrigens in ganz Tibet, größere Schwierigkeiten. Kuntschok Tschophel, der Abt, welcher die Gebete gesprochen hatte, erzählte uns, wie er hier als Bub unter vierzig Mönchen gelebt hatte; heute sind es deren drei.

Als es Abend wurde, winkte uns Rintschen, einer der mit dem Bau des neuen Tempels beschäftigten Arbeiter, in die geräumige Küche im Wohnbereich von Seralung. Eine einzige Öllampe beleuchtete die Gesichter der Anwesenden: zwei Mönchsknaben, zwei Nepalis aus Limi, deren Heimweg sie am Manasarowar vorbeiführte und eine alte, verwitterte Frau, welche am Feuer sitzend ihre Gebetsmühle drehte. Die Khampa-Frau, welche die Küche führte, fuhrwerkte geschäftig herum, schürte das Feuer und ließ den Teestrom nicht abreißen. Rintschen war damit beschäftigt, Batzen gehackten Yakfleisches in Teig einzuwickeln; es sollten heute die besten *Momos* in ganz Tibet werden. Wir warteten darauf, daß die Fleischknödel gedünstet wurden, und lauschten der sparsamen Unterhaltung, dem Knistern der Flammen und dem Quietschen der Gebetsmühle der Alten. Draußen riß der Wind an dem einzigen Fenster des Raumes, in dessen Wärme und Geborgenheit wir uns schmiegten.

Nach dem Abendessen öffnete Rintschen sein Amulettkästchen aus getriebenem Silber, um seiner Kostbarkeitensammlung ein neues Foto des Dalai Lama hinzuzufügen. Es entzückte ihn, wie der »Kostbare Beschützer« aus dem kleinen Fensterchen blickte, und er schenkte uns zum Dank ein kleines Stück getrockneten Fisches aus dem Manasarowar. »Nicht getötet«, unterstrich er – denn Leben auszulöschen wäre Sünde –, sondern ein Göttergeschenk, ans Ufer gespült, als starke Medizin geschätzt. An einem kleinen Säckchen ließ er ein paar Körner *Tschema Ne-nga*, fünffarbigen Sand, in unsere Handflächen rieseln, welchen wir als weiteren Segen feierlich verschluckten. Am nächsten Morgen fiel helles Licht in die Küche, wo die Khampa-Frau mit bis über die Ellbogen hochgekrempelten Ärmeln Geißenmilch butterte, daß die weißen Kleckse ihre Wollschürze sprenkelten. Mit den Pilgern, Reisenden und Arbeitern nahmen wir ein tibetisches Frühstück ein, wie es nur in einer *Gompa* üblich ist: kegelförmige Teigkuchen aus Gerstenmehl; übriggebliebene Opfergaben aus dem Tempel. Als wir Kuntschok Tschophel in seinem kleinen Gemach aufsuchten, um Lebewohl zu sagen, breitete dieser ein Gebetstuch über Russells Kameratasche, und wir tippten leicht Stirne an Stirne zum Abschied. »Geht langsam«, »Leb wohl«; wir tauschten die Grüße aus und brachen wieder zu unserer Wanderung über den endlosen Sand auf.

Ein bunter Zauber lag über der Landschaft mit dem Braunorange der Moraste und dem vom Frost gezeichneten Rot des Gestrüpps gegen das doppelte Blau von Himmel und See. Die Wanderung führte uns am Ufer entlang, wo Geröll und loser Sand unsere Schritte bremsten. Der See schien unseren Mühen Hohn sprechen zu wollen; unser Fortschritt war in der ungeheueren Weite fast nicht wahrnehmbar. Wir wateten barfuß durch zahllose Flüsse, kamen an langen Reihen von *Mani*-Steinen mit ihren eingemeißelten Texten vorbei und an Kniefallstätten, an denen die Pilger sich vor der Größe des Manasarowar verbeugen. Die Luft war stets erfüllt vom Rauschen des Windes und der Wellen, den Rufen der Wasservögel, und der See war so klar, daß die Uferkiesel in der Luft und gar nicht im Wasser zu liegen schienen.

Am Ufer reihten sich die Göttergeschenke des Sees aneinander, welche die Stürme und Wellen herangespült hatten: merkwürdige Fische, Kiesel, Algen. An einem Strandabschnitt fanden wir Rintschens fünffarbigen Sand, der aus Türkis, Silber, Gold, Korall und Eisen zusammengesetzt sein soll. Auf den umliegenden Hügeln wuchsen duftende Heilkräuter. Die Pilger sammeln diese sorgfältig, denn sie sind göttliche Segnungen, im Hindi *Prasad* genannt, welche viele Krankheiten zu heilen vermögen. Das kostbarste aller Göttergeschenke jedoch war das klare Wasser des Manasarowar, dem man ebenfalls wunderbare Heilkraft nachsagt. Wer sich nach einem langen, tiefen Zug davon wieder erhob, der war innerlich und äußerlich geläutert. Es war, als habe er nicht bloßes Wasser, sondern auch göttliches Licht zu sich genommen; als ob die Reinheit des Windes, des Raumes und des Himmels sich hier in flüssigem Zustand niedergeschlagen hätten.

Wie zur Bestätigung seiner Heiligkeit ist der Manasarowar mit der Nachbarschaft zweier Berge gesegnet: Der eine davon ist der Kailas, dessen gewaltige Gestalt über niedrigeren Gipfeln thront. Die natürliche *Swastika*, die in die Südseite des Berges gezeichnet ist, war von hier aus deutlich zu sehen. Ich stellte mir vor, wie gewaltig dieses alte Symbol der Kraft die ersten Pilger betroffen gemacht haben mußte und wie sie es als Zeichen dafür ansahen, daß ihnen hier kein gewöhnlicher Berg, sondern ein Wohnsitz der Götter gegenüberstand.

Am Südufer des Manasarowar ragen die fünf Schwestergipfel der Gurla Mandhata auf. Von Tartschen aus gesehen, schwebt dieser große weiße Berg am Horizont wie eine Wolke, vom Seeufer aus gleichen seine sanft gewellten Gipfel einer schlafenden, in weiche Schneegewänder gehüllten Schönheit. Im Tibetischen heißt der Berg Memo Namgyal, »Sohn des Sieges«, doch gibt es in der gesprochenen Sprache viele Abwandlungen davon, zum Beispiel Memo Nangnyal, nach den sagenhaften Wäldern, die einst seine Hänge bedeckt haben sollen, oder, am schönsten, Memo Dang Ay, »Sie hat zwei Seiten« – manchmal schön und friedlich, dann wieder sturmgepeitscht und furchtbar. Dieser weibliche Berg ist der Wohnsitz von Lhamo Yang Tschen, der in dieser Gegend verehrten Göttin der Landwirtschaft, zu der die Bauern von Purang um Regen beten. Auch dieser Berg wird einst, wie eine alte Weissagung verspricht, zum Wallfahrtsort werden; es wird ein heiliger Mann kommen und seine Geheimnisse lüften, so wie es ein tibetischer Mönch vor tausend Jahren mit dem Kailas tat.

Am Fuß der Gurla Mandhata steht die Trugo Gompa, die »Heilige Pforte zur Kopfwaschung«. Hindus werfen sich selbst an den kältesten Tagen in den See, da es im Sprichwort heißt, wer ganz im Manasarowar untertauche, der werde als Gott wiedergeboren. Die Tibeter dagegen vermeiden es, im See zu baden. »Wir möchten nicht, daß das Wasser schmutzig wird«, erklärte mir ein Pilger. Es genügt ihnen, ein paar Schluck des heiligen Wassers zu trinken und sich bei Trugo einen Becher davon aufs Haupt zu schütten.

Vor der Gompa zog sich eine lange Reihe von *Mani*-Steinen mit eingemeißelten *Mantras* und heiligen Texten am Ufer hin. Die Macht des geschriebenen Wortes rührte mich an, als ich daran vorüberging. OM MA NI PA DME HUM – jeder Buchstabe war heilig, jede Silbe besaß einen tieferen Sinn, jenseits ihrer bloßen Wortbedeutung. Die Buchstaben waren Mittel; Vehikel, um die Gedanken in ein Reich jenseits der Sprache zu befördern. Das Wunder der Schrift ist gegenwärtig geblieben in einem Land, indem diese erst im siebenten Jahrhundert eingeführt wurde. So wie die Kunst ist auch die Schrift in Tibet untrennbar mit der Religion verbunden, und überall begegnet man dem geschriebenen Wort voll Hochachtung. Alte Gebete und Schriftstücke wirft man nie weg, sondern bewahrt sie sorgfältig in heiligen Behältnissen, wie zum Beispiel den *Tschörten*. Während der Kulturrevolution legten die Roten Garden Hand an die Wurzeln dieses »Aberglaubens«, indem sie Gebetbücher zum Füttern der Stiefel und Druckplatten zum Pflastern der Straßen mißbrauchten, doch die Kraft des Wortes konnten sie damit nicht brechen.

Gebetsfahnen ließen ihre Farben gegen das Azurblau des Wassers flattern, und es war ein Tag, so klar, daß man die Schwärme kleiner Fische im Wasser hin- und herschießen sah.

Gehörnte Yakschädel und flache Steinplatten mit eingeritzten Mantras bilden eine Mani-Mauer am Ufer des Manasarowar *(links)*. Am Südostufer des Sees ragt die Gurla Mandhata auf *(oben)*, mit 7683 Metern dritthöchster Berg innerhalb Tibets. Nomadenzelte sprenkeln die Barkha-Ebene im Vordergrund; der Raksas Tal ist in der Ferne sichtbar.
Rechts: Eine Reihe Pilger umkreist die Tschiu Gompa, bevor sie sie zum Gebet betritt.

Nur dann und wann kräuselte eine leichte Brise die glatte Oberfläche des Sees. Bei Sonnenuntergang kamen drei nomadische Hirten, eine Schafherde nach Purang treibend, das Ufer entlang gewandert. Sie verschwanden im Zelt eines Bekannten, während ihre Herde im Weiterziehen eine goldene Staubwolke hinter sich herschleppte. Plötzlich erscholl ein Ruf aus dem Zelt und eine Gestalt rannte, von den Stehengebliebenen angefeuert, los, um die Flüchtlinge aufzuhalten.

Wir begegneten wenigen Pilgern auf der *Kora*. Unsere treuesten Begleiter waren die ziehenden Wasservögel, die hier auf ihrem langen Flug von Indien nach Sibirien rasteten. Schwäne, Kraniche, wilde Enten und Gänse hatten im September Hochsaison, und Hunderte von Vögeln tummelten sich auf dem kleinen See an der Südwestecke des Manasarowar.

Unweit der Gossul Gompa holten wir eine größere Gruppe Pilger aller Altersklassen aus Gertse ein. Sie waren per Lastwagen gekommen und umwanderten den See in drei Tagen; sie trugen ihre Habe auf dem Rücken und übernachteten in den Klöstern am Ufer. Als wir sie trafen, bewunderten sie einen mächtigen Fisch, den einer von ihnen aus dem Wasser gezogen hatte. Sie frohlockten so sehr über das heilige Stück, daß ich mir die Frage verbiß, ob dieses zum Zeitpunkt des Fanges tot oder lebend gewesen sei.

Wir fanden uns zum Tee am Ufer zusammen und wanderten dann mit ihnen die letzten Kilometer bis zu ihrem Lastwagen, der hinter der Tschiu Gompa auf sie wartete. Vor der Abfahrt schwärmten sie noch am Ufer aus, um Seegras und Steinchen aufzusammeln und um hoffnungsvoll nach weiteren heiligen Fischen zu spähen. Wir drehten landeinwärts, überquerten einen steilen Hügel und sahen die Tschiu Gompa, »Vogel-Gompa«, auf einer steilen Anhöhe unter Strömen von Gebetsfahnen, die von den drei Tschörten an der Spitze herabflossen. Das weiße Gebäude erinnerte an ein Märchenschloß, an ein tibetisches Mont Saint Michel. Die Erde neben dem Weg war mit buntgefärbten Felsblöcken gesprenkelt, die wie Tonscherben vor einem Brennofen dalagen; leuchtende, zu Haufen aufgeschichtete Stücke Rosa, Purpur, Rostrot und Blau.

Hinter Tschiu teilte sich der Weg. Der eine führte über die Spitzen der Steilklippen, der andere um herausstehendes Felsgestein am Ufer. In den Klippen sah man die Bienenwaben vieler kleiner Felshöhlen, die von Eremiten herausgehauen worden waren, die sich hier niedergelassen hatten, um die Weite des Sees in sich aufzunehmen und um seinem Schweigen zu lauschen. Ich malte sie mir aus, in ihren winzigen Zellen oder in Meditation am Seeufer sitzend; stunden-, tage-, jahrelang. Sie benutzten die wechselhafte Weite des Sees als Führer, um in die Tiefen des Bewußtseins einzutauchen, die Landschaft als visuelle Metapher für ein innerliches Reich. Wie der Geist, so ist auch der Manasarowar allumfassend und unendlich vieler Stimmungen fähig, und das ständige Werden und Vergehen der Gedanken widerspiegelt sich in den Wolken, die vom See aufsteigen und ihm als Regen wieder zufließen.

Diese Meditierenden besaßen den Schlüssel zu den Rätseln des Sees. Seine Geheimnisse werden erst nach langer Betrachtung erfahrbar, erst nach Übereinstimmung mit der Tiefe und Klarheit dieses Spiegels auf dem Dach der Welt. Alte Schriften erzählen von den Schätzen des Manasarowar. In seiner Mitte wächst der Baum des Lebens, der auch Nabel von Dschambudwipa, unserer irdischen Welt, ist. Die Frucht des Baumes reift zu Gold und fällt ins Wasser, das dadurch zu einem Elixier der Unsterblichkeit wird. Dieser Baum ist aber für sterbliche Augen nicht sichtbar – eine Metapher für die nicht gegenständlichen Schätze des Sees. Wie der Kailas, so ist auch der Manasarowar ein Mittel der Annäherung, eine Hilfe zu einer Erfahrung, die in Worten nicht ausgedrückt werden kann.

Ein indischer Saddhu, ein Heiliger aus dem Aschram Ramakrischna bei Kalkutta, bei seiner rituellen Waschung im See. Das vollständige Eintauchen in den Manasarowar soll die Inkarnation als Gott sichern.

Der Nachmittagswind stampft Wellen aus den Tiefen des Manasarowar und verwandelt den See in ein sturmgepeitschtes Binnenmeer. Die Seralung Gompa ist rechts im Bild sichtbar. Die Hindu-Sage überliefert, daß Brahma den See als Widerspiegelung der Kraft und Tiefe seines Geistes, *Manas*, geschaffen habe. Er ist eine unerschöpfliche Schatzkammer der Farben und Stimmungen. Vor tausend Jahren pries der tibetische Yogi Milarepa den Manasarowar in einem Lied, in welchem er den See bei seinem tibetischen Namen nannte: »Der Ruhm des Tso Mapham ist wahrlich weit verbreitet: Menschen an fernen Orten sagen von ihm: Tso Mapham ist wie ein grünjuwelenes Mandala! ... Das Wasser, das vom Himmel in ihn fällt, ist wie ein Strom von Milch, ein Regen von Nektar.«

Eine kleine Gruppe Reisender *(unten)* kürzt einen Weg ab und bewegt sich im Gegenuhrzeigersinn entlang des Ostufers des Manasarowar zur Seralung Gompa. Da ihre Wanderung gegensätzlich zum glückverheißenden buddhistischen »Pfad der rechten Hand« verläuft, bringt ihnen der Marsch am Seeufer kein religiöses Verdienst ein. Im Vergleich zu den langen Prozessionen um den Kailas führen nur wenige Pilger die einhundertundzwei Kilometer lange Umrundung des Manasarowar durch: Die gewaltige Größe des Sees verschluckt jeden merklichen Fortschritt. Die meisten Pilger geben sich mit einer kurzen Gebetszeremonie am Westufer zufrieden, bevor sie nach Purang oder zum Kailas weiterreisen.

Der Sage nach soll ein goldener Fisch den Zickzackkanal des Ganga Tschu, der Verbindung zwischen Manasarowar und Raksas Tal, gegraben haben. Der Wasserspiegel des Kanals schwankt je nach Jahr und Jahreszeit. Während des vergangenen Jahrhunderts lag er größtenteils trocken, weshalb Forschungsreisende seine Existenz überhaupt bezweifelten.

Von Menschenhand geschaffene Symbole, die auf eine größere Wirklichkeit hinausweisen, säumen das Ufer des Manasarowar. *Links*: Bei jedem Flattern schicken die Gebetsfahnen an der Trugo Gompa ihren Segen in den Wind. Die Fahnen tragen glückverheißende Gebete und die Abbildung des »Windpferdes«, das auf seinem Rücken das flammende Juwel trägt, das alle Wünsche erfüllt.
Unten: Abend und Sturm treffen an diesem *Tschörten* bei Hortschu am Nordufer des Sees zusammen. Ursprünglich ein Reliquienhügel, wurde der buddhistische *Tschörten* (im Sanskrit Stupa genannt) selbst zu einem Mittel, um zur Erlösung zu gelangen: Das Umwandern des Bauwerkes bringt bedeutendes religiöses Verdienst. Es ist die gegenständliche Darstellung von Buddhas Körper und durch die heiligen Bildnisse, Reliquien und Schriften, die in seinem Inneren verwahrt werden, geweiht.

Wenn im September die Gerste eingebracht ist, kommt die Landbevölkerung zu ihrer jährlichen Wallfahrt zum Kailas. Weil sie nicht auf einen der langsamen, sporadisch vorüberfahrenden Lastwagen warten wollten, sind diese Frauen aus Purang schon zu Fuß losgezogen. Wenn man gut zu Fuß ist, dauert diese Reise drei Tage.

4 Das große Mandala der Natur

»Wahrlich, wahrlich, es war ein großes Mandala der Natur ... die in den Schriften beschriebenen Dinge können sterbliche Augen nicht sehen.«
(Ekai Kawaguchi, *Drei Jahre in Tibet*)

Die Reise begann lange vor Tagesanbruch. Wir kleideten uns bei Kerzenlicht an und traten in die unendliche Stille der Nacht hinaus. Der Weg begann am *Tschörten* von Tartschen und war anfangs von einer Reihe weißer Steine gesäumt. Nach ein paar hundert Metern fing die Linie an dahinzuschwinden, und war bald nicht mehr zu sehen, so daß ich Mühe hatte, den Pfad in der Dunkelheit auszumachen. Über uns leuchteten die Sterne in solcher Zahl, wie ich sie noch nie zuvor gesehen hatte und übersäten in verschwenderischer Häufung den Mitternachtshimmel. Jedesmal, wenn ich meine Augen hob, flammte ein neuer Lichtbogen über das samtschwarze Firmament: Sternschnuppen fielen zeitlupenartig langsam herab, daß einem fast der Herzschlag stockte, und es waren ihrer so viele, daß es wie Feuer vom Himmel zu regnen schien.

Auch auf Erden bewegte sich ein Licht; das Lämpchen eines einsamen Pilgers, einer alten Frau aus Tartschen; unterwegs, wie sie uns erzählte, zur sechzigsten *Kora* ihres Lebens. Lange Zeit ging ich neben ihr her und hörte dem tiefen Gemurmel ihrer Mantras zu, versuchte mich in ihr Leben und in ihren Glauben hineinzufühlen, der sie diese beschwerliche Wanderung an einem einzigen Tag durchführen ließ. Nur der Glaube leitete sie auf ihrem Weg durch die Dunkelheit im Kreise einer Tradition, in der jeder Pilger und jeder Schritt ein neues Kettenglied bilden. Die Steinhaufen, die den Weg säumten, waren stumme Zeugen der Generationen, die vorher unterwegs gewesen waren; Orientierungspunkte und Segenszeichen für jene, die noch folgen würden.

Wir gingen drei Stunden lang ohne anzuhalten, bis sich der Morgen ankündigte. Langsam begann sich der Himmel zu verfärben; die Wolken streiften sich zuerst blau und violett, dann leuchteten sie im Norden vor uns in rosigen und goldenen Streifen auf. Die Berge beendeten ihre Nachtwache und ihre Umrisse wurden sichtbar. Ein leichter, kühler Wind strich durch die Luft, und ich blieb stehen, um den immer schneller werdenden Wechsel zu verfolgen. Das neue Licht spiegelte sich auf den Seen in den Talböden, die Berge und Wolken desgleichen. Die graue Landschaft kleidete sich in zarte Pastelltöne, und dann erblühte so unvermittelt, daß man den genauen Augenblick gar nicht hätte bestimmen können, die ganze Palette der Farben, und es war Tag. Wir befanden uns fünfzehn Kilometer weit mitten auf der *Kora* zum Kailas.

Der einundfünzig Kilometer lange Pilgerpfad um den Kailas beginnt in Tartschen, wo eine Hügelkette den Blick auf den Berg versperrt. Die Route führt zunächst nach Westen, durch ein Land voll trockener Büsche und goldgelben Staubs. Zur Linken erstreckt sich die Ebene von Barkha, ein flaches, von ziehenden Wolkenschatten gemustertes Stück Erde. In der Ferne wirft sich das Land zu Bergketten auf, die nach weiteren einhundertdreißig Kilometern unvermittelt an die Zackenmauer des Himalaja stoßen.

Der Pfad führt am nördlichsten Rand dieser Weite vorbei. Zahllose, von Pilgern aufgeschichtete Steinmänner bezeichnen seine beiden Seiten: Opfergaben, die den Weg für die Nachfolger weisen. Die Steinhaufen werden zahlreicher, als der Pfad eine leichte Anhöhe hinanführt und nach Norden abbiegt. Hier wird der Kailas sichtbar, und alle beugen sich vor seinem Anblick. Es ist die erste der vier Fußfallstätten, der *Tschaktsel Gang*, die den Pilgerpfad mit dem Gebet verbinden.

Der weiße Kegel der Berges glitzert wie ein eisiger Diamant am Himmel. Das intensive Licht und die klare Luft verleihen ihm eine Brillanz, die mit der des sagenhaften Meru, des »Berges der leuchtenden Erscheinung«, wie ihn die Arier nannten, wetteifern könnte. Der Anblick erinnert an die wunderbare Beschreibung Merus in der *Mahabharata*: »Mit seiner Höhe den Himmel küssend, scheinend wie die Morgensonne und wie ein rauchloses Feuer, unergründlich und unnahbar für die Menschen mit ihren mannigfachen Sünden.«

Während ich langsam, das enge Tal hinaufsteigend, näherkam, verstärkte die Stille ringsum mein Gefühl, ein Heiligtum zu verletzen. Die Monate in Tibet haben mich gelehrt, was wirkliche, unendliche Stille bedeutet. Diese ist nicht nur friedlich und besänftigend, wie wir es uns gerne vorstellen – das ist nur die Ruhe, deren Absolutheit von fernen Geräuschen, Vogelrufen oder im Winde raschelnden Blättern gemildert wird. In der Leere Tibets sind diese vertrauten Töne verschwunden und man ist mit einer völligen Abwesenheit jeglicher Geräusche konfrontiert, mit einer Stille, die einen fast schwindeln läßt. Die Ohren klingen und suchen verzweifelt nach einer Bestätigung ihrer Funktion, aber es gibt keine; nur Leere, und das Gefühl verstärkt sich mit jedem Schritt weiter in dieses unbekannte Reich.

Die Stille wurde noch tiefer, und dann kamen die Vögel – seltsamerweise auch sie schweigend; nur ihr Schwingenschlag war zu hören. Zum ersten Mal *hörte* ich die Unterschiede im Flug: das schwere Sausen der Kolkrabenschwingen, die schnellen, sparsamen Flügelschläge des Falken, das Surren eines Finkenschwarmes, der geschlossen aus einem Busch startete. Die flatternden Flügelchen reflektierten das Licht, wie in die Luft geworfene Silberpapierstreifen, wie die kleinen, bedruckten, quadratischen Papierstückchen, welche die Tibeter auf den Paßhöhen, ihre Gebete tragend, dem Wind übergeben.

An manchen Tagen zieht Geierflug bleischwer über die Ebene. Der Anblick eines schwebenden Geiers lockt einen zweiten und einen dritten an, bis ein ganzer Schwarm träge am Himmel kreist. Schließlich fallen sie auf einem flachen Felsturm am Rande der gelben Ebene ein. Hier, im Schatten des Kailas werden Tote aus der einheimischen Bevölkerung unter freiem Himmel bestattet. Die Körper werden nach einem Ritual zergliedert und in einem letzten Akt der Barmherzigkeit, als letzte Opfergabe an lebendige Wesen, den Vögeln überlassen.

Unter diesem Felsen steht der neun Meter hohe Fahnenmast von Tarbotsche, eine bizarr flatternde Masse vor den dunklen Schluchtwänden. Die einen Pilger umrunden ihn im Gänsemarsch, während andere sich auf dem Rundweg niederwerfen und diesen nur langsam bewältigen. Unweit davon glänzt die Sonnen- und Mondspitze des Tschörten Kangnyi im schrägen Frühlicht. Das ockergefärbte Bauwerk und seine schlanke Spitze bilden ein Gegengewicht zum massigen Schneedom des Kailas, der darüber aufragt. Deutlicher als Worte sprechen Farbe und Form von der Heiligkeit des Landes, zu dem dieser *Tschörten* das Eintrittstor ist.

Hier beginnt die eigentliche Reise, und der Pilger betritt - im Vorbeigehen unter dem »Zweibeinigen Tschörten« dessen Segen mitnehmend – Lha Tschu, das Tal des Götterflusses. Es liegt wie Erwartung in der Luft; man spürt sofort, daß man sich in einem Reich befindet, in dem alles mehr ist, als es zu sein scheint. In die Felsen sind Mantras eingemeißelt; die Bäche, die üppige Wiesen bewässern, und die Wildblumen – sie sind Fels, Wasser, Blüte und zugleich mehr als das; in der übersteigerten Wirklichkeit, in der der Pilger sich bewegt, sind sie Offenbarungen des Unendlichen. Jene, die dies fühlen, folgen, ohne es zu wissen, den Anweisungen des *Demtschog Tantra,* des Textes von Kailas' höchster Gottheit:

»Man sollte sich selbst und alles Sichtbare als göttliches Mandala betrachten ... jeder Ton, der an unser Ohr dringt, soll als Mantra betrachtet werden, und jeder Gedanke, der in unserem Sinn aufkommt, als magische Offenbarung der Großen Weisheit.«

Jedes Ding als geheiligt anzusehen, jedes Ereignis als Schritt auf dem geistigen Pfad zu erkennen, das ist das Ziel des Tantra; und hier, wo die Natur das Göttliche in greifbare Form gegossen hat, hier kommt diese Erkenntnis wie von selbst. Vom Talboden schaute ich bewundernd die Steilwände hinauf, die beide Seiten säumten; himmelhohe Wände aus weichem, rötlichem, von Wind und Wasser zu phantastischen Säulenhallen zerfressenem Sandstein. Zinnen, Geländer, Terassen und Türme waren mit unendlichem Einfallsreichtum übereinandergeschichtet; fast fünfhundert Meter senkrecht empor die wildesten Halluzinationen der Natur, zu Stein erstarrt. Oben auf der Gratlinie erschienen die Ruinen verlassener Städte, um sich nur wenige Schritte weiter wieder in Luft aufzulösen; eine Täuschung dieses seltsamen, gebäudeartigen Gesteins. Die Landschaft hatte die Weiträumigkeit und komplizierte Verschachtelung eines gigantischen, jenseits aller menschlichen Maßstäbe erbauten Palastes.

Die Farbe der Felsen war schon ein Wunder an sich; feine Streifen von Orange und Rosa wechselten mit schillernd blaugrünen Erzadern. Hoch oben hingen die silbernen Bänder der Wasserfälle an den nackten Felswänden herab. Im Herbst würden sie zu Sturzfluten aus Eis gefrieren, und Schneekristalle würden sich auf die zerfressenen Felsränder legen und seltsame weiße Hieroglyphen darauf malen.

So hatten wir ein anderes Reich betreten, und die Reisenden, die wir unterwegs trafen, verstärkten nur das Gefühl der Zeitlosigkeit. Wie aus dem Nichts tauchte plötzlich ein Reiter auf einem weißen Pony mit einem langen Dolch in seiner Schärpe vor uns auf. »Taschi delek!« grüßte er und war schon davon; das Klimpern seines Zaumzeugs flatterte hinter ihm her. Von jenseits des Lha Tschu klangen Pfiffe und Rufe herüber: Eine Nomadenfamilie trieb eine Herde mit Salz bepackter Lastschafe vor sich her, um die Fracht in den abgelegenen Hochtälern weiter nördlich zu verkaufen. Zwei Mönche aus dem fernen Amdo kamen vorbei, und ihre kastanienbraunen Roben schwangen hin und her wie läutende Glocken. Weit vor uns hielten die winzigen Gestalten, um die Ladungen ihrer Tiere zurechtzurücken, und trabten dann wieder los in die Weite des Canyons.

Alle Pilger hatten das gleiche Ziel; ein kleines ockerfarbenes Gebäude, das sich an die Flanke des massiven Berges auf der anderen Flußseite schmiegte. Die Tschukku Gompa, das erste der drei Klöster der *Kora*, war ebenso staubig und rötlich-graubraun wie der Fels, dem es zu entstammen schien. Der Berg, in den es gebaut war, war ebenfalls ein riesiger natürlicher Tempel: die Wohnung des Kangri Lhatsen, des übernatürlichen Beschützers der Kailasregion. Früher wußte man ihn in manchen »seinem Herzen nahen« Männern verkörpert; ein Orakel, welches vom Vater auf den Sohn weitergegeben wurde. Heute schweigt das Orakel, doch Kangri Lhatsen wird in einem eigenen kleinen Schrein in der Tschukku Gompa abseits des Haupttempels verehrt. Wie alle solche *Gonkhang*, welche grimmigen Gottheiten geweiht sind, bleiben seine Türen für Frauen verschlossen; Laien dürfen nur zu besonderen Anlässen hinein.

Der Fahnenmast von Tarbotsche *(oben)* wird jedes Jahr in der Vollmondzeit des Monats Mai aufgestellt, um an Buddhas Geburt, Erleuchtung und Tod zu erinnern.
Links: Pilger beim Umwandern der Tschukku Gompa. Das ockerfarbige Gebäude rechts ist der Tempel des Kangri Lhatsen.

Der Pfad zur *Gompa* wand sich durch ein Labyrinth vielfarbiger Felsblöcke mit eingemeißelten Mantras hangaufwärts. Auf dem Hügel stand eine Frau; ins Haar geflochtene Silbermünzen verrieten sie als eine Golok, eine Angehörige des Nomadenstammes aus Nordosttibet. Drei in kleine *Tschuba* gekleidete Kinder lugten ehrfürchtig hinter ihren Röcken hervor. Wir setzten uns auf die Tempelstufen, und sie sprach von ihrer langen Reise. Sie hatte fast ein Jahr gebraucht, um den Kailas zu erreichen, und sie zählte die Pilgerstätten entlang des Weges auf: Lhasa, Tsari, Samye, Sakya ... Die Litanei der geheiligten Ortsnamen rief die Vorstellung eines unsichtbaren Netzes von Pilgerpfaden über Tibet hervor, welches ferne Orte in einem unsichtbaren Gewebe von Kräften verbindet. Als wir so miteinander redeten, verloren die Kinder ihre Scheu und begannen zu spielen, warfen Steinchen über den Rand der Terrasse und kicherten, weil diese den steilen Hang so lustig hinunterhüpften.

Nun trat ein Mönch aus seiner Behausung, um die Tür des Haupttempels, des *Lhakhang* oder »Götterhauses«, aufzuschließen. Drinnen herrschte Halbdunkel, und der Geruch von Räucherwerk und geschmolzener Butter lag dick in der Luft. Die Wände waren mit silbernen *Tschörten* und vergoldeten Bildern geschmückt – alles, was von den Schätzen der sechs Klöster um den Kailas übriggeblieben war, war hier zusammengetragen, nachdem Tschukku als erste *Gompa* nach der Kulturrevolution wiederaufgebaut wurde. In Nischen der schwarzen Wände standen die einhundertacht brokatgebundenen Bände des Kandschur, der Niederschrift von Buddhas Reden. Als die Frau den Tempel umkreiste, ahmten die Kinder ihre Handlungen nach und beugten ihre Köpfchen gegen die heiligen Schriften.

In der Mitte des Raumes stand auf dem Hauptaltar, zwischen Elfenbeinzähnen und Pfauenfedern und unter vielen Gebetbüchern fast verschwindend, ein einzelnes Bild. Die hockende weiße Gestalt war den gelassen dasitzenden, vergoldeten Buddhafiguren, die man sonst in tibetischen Schreinen findet, völlig unähnlich; sie erinnerte mit ihrem Haarknoten und ihren Mandelaugen entfernt an die Tirthankara-Bilder aus den Dschain-Tempeln. Der starre Blick ihrer blanken Augen war auf seltsame Weise störend; irgendwie schien er fremd und am falschen Platz unter den ganzen tibetischen Kultgegenständen. Die Golok-Frau warf sich dreimal vor der Statue nieder und blieb dann einen Augenblick zögernd stehen. Sie nahm ihre Halskette aus blankpolierten Steinchen ab und übergab sie dem Mönch, der sie dem Bildnis als Opfergabe umhängte.

Diese Statue heißt Tschukku Rinpotsche, nach dem Gründer der Gompa aus dem sechzehnten Jahrhundert, doch ihre mythischen Wurzeln reichen noch viel weiter zurück. Aus den trüben Wassern eines Milchsees in der Gegend von Lahoul in Indien sollen sieben solche weißen Standbilder durch ein Wunder von selbst geboren worden sein. Eines davon gelangte zum Kailas, wo es zum Hauptschatz der Tschukku-Gompa erhoben wurde. »Das Wichtigste draußen ist der Kang Tise (Kailas), drinnen der Tschukku Rinpotsche«, sagt ein Sprichwort.

Das Vorhandensein dieser seltsamen Statue läßt uns auf weitere Wunder gefaßt sein. Zusätzlich besitzt die *Gompa* eine mit Silber ausgelegte Muschelschale, die durch ein Wunder vom See Manasarowar hierher flog, und einen gewaltigen Kupferkessel, den der buddhistische Missionar Tilopa aus Indien mitgebracht haben soll. Diese drei Gegenstände symbolisieren Buddhas Körper, Rede und Geist; ihr Beisammensein gilt als Zeichen dafür, daß die Religion in Tibet erblühen wird.

Die Kulturrevolution zerstreute die Schätze von Tschukku in alle Winde; später wurden das Bildnis und die Muschel zurückgegeben, doch die Kupferschale blieb verschwunden – gestohlen vielleicht oder als Altmetall eingeschmolzen wie so viele andere Kostbarkeiten. Dann, 1985, tauchte das Gefäß des Geistes Buddhas an einem religiösen Feiertag in einer Höhle unter der Gompa wieder auf. »Wir hatten oft dort nachgesehen, ohne es zu finden«, erzählte uns der Mönch. »Es war Kangri Lhatsen selbst, der die drei Kleinodien wiedervereinigt hat«, fügt er mit Überzeugung hinzu. Und so wie die dicke Eiskappe, die den Kailas krönt, und wie die tiefen Wasser, welche im Ganga Tschu fließen, so wird auch dieses Ereignis als glückverheißendes Omen dafür betrachtet, daß das Dharma, der buddhistische Glaubensweg, in Tibet wieder erblühen wird.

Während ich die gebannten Gesichter der zuhörenden Pilger verfolgte, stellte ich wieder verwundert fest, wie leicht die Tibeter zwischen verschiedenen Wahrheitsebenen hin und her pendeln. Eine unglaubliche Geschichte wird im selben Tatsachenton erzählt wie eine Bemerkung über das Wetter und wird mit der gleichen Selbstverständlichkeit geglaubt. Dergleichen Aussagen werden in Tibet nicht in Frage gestellt, denn hier vermengen sich Philosophie und Glaube und verwischen die Grenzen des Möglichen.

In diesem Land herrscht das Übernatürliche mit größter Selbstverständlichkeit, und der Vorhang zwischen platter Wirklichkeit und dem, was jenseits davon ist, wird hier im Angesicht des Kailas noch durchsichtiger als anderswo. Auf dem Weg nach Norden durch das Tal des Götterflusses begegnet und vermengt sich das Natürliche mit dem Wunderbaren, bis der Unterschied zwischen Sage und Faktum, Glaube und Wahrheit unscharf wird und schließlich verschmilzt. Ein naturgegebenes Felsloch wird zur »Eßschale Milarepas«. An der jenseitigen Talwand ist ein zweihundertfünfzig Meter weit in Windungen herabstürzender Wasserfall der Schweif vom Pferd des sagenhaften Königs Gesar aus Ling. Der mächtige Torma-Kuchen, den Guru Rinpotsche den Göttern des Kailas opferte, steht als massiver Felsdom da, und unweit davon kniet oben auf der Gratlinie der Affenkönig Hanuman, eine Sagengestalt der Hindus, in Verehrung vor Schiwas Thron.

Die umliegenden Berge sind selbst Tempel; gewaltige natürliche Schreine von einer Größe, die überirdische Wesen geradezu einlädt, sie zu bewohnen. Die Drei Götter des Langen Lebens, die Sechzehn Sattwir, die Zweiundsiebzig Palgun – ganze Legionen unsichtbarer Wesen wohnen in den Felsen und Gipfeln, unsichtbar, doch spürbar für die Pilger, die zu ihnen allen beten. In alten Gebeten an den Kailas füllen die Listen dieser Gottheiten ganze Seiten.

> ... Zur Rechten, bei dem siegesbannergleichen Palast
> Bete ich zu den Gottheiten von Tschenresig.
> Dahinter, am Palast des weißen Seidenvorhangs
> Bete ich zu den tausend Buddhas des guten Kalpa.
> Zur Linken, am Kristallpalast des kleinen Schnees
> Bete ich zu den Gottheiten von Buddhas Medizin.
> Vor mir, am Palast wie einem Juwelenberg
> Bete ich zu den Göttern der fünfhundert Arhats ...

Dieses traditionelle Gebet wird auch heute noch rezitiert; nicht nur um die religiösen Verdienste des Pilgers zu mehren, sondern auch zum Wohle und zur Erlösung aller fühlenden Wesen:

> Mit standhaftem Sinn glaube ich
> Werfe mich nieder in Verehrung und umwandere die Heiligtümer ...
> Segne uns, daß uns die Kraft wird, allen Wesen Gutes zu tun
> Segne uns, daß wir zur Erlösung aller Wesen beitragen
> Segne uns, daß wir erreichen unser und anderer Wohl.

In diesem dichten Wald der Symbole können Kriterien wie Legende und Tatsache, Glaube und Wirklichkeit nicht alles umfassen. Das gewaltige Pantheon des tibetischen Buddhismus entspringt dem philosophischen Konzept der Leere, Tongpanyi, welche als die endgültige Wirklichkeit betrachtet wird. Wenn aber alle Erscheinungen leer, also ohne ein innewohnendes Sein sind, wie kann man dann Grenzen zwischen all diesen Einbildungen ziehen? Die Götter in ihren Bergtempeln und der blaue, zwölfarmige Demtschog, der auf dem Kailas thront, sind gleichzeitig so real wie der Fels des Berges und so illusorisch wie das Selbst, das all dies wahrnimmt.

Was die Realität ausmacht, ist letztlich der Glaube, und diesen haben die Pilger in vollem Maße. Auf einem merkwürdig geformten Felsblock sitzen sie im »Sattel des Glaubens« und beten um eine hohe Wiedergeburt bei ihrer nächsten Inkarnation. Sie neigen sich vor einem natürlichen Bild des grimmigen Beschützers Tamdin, das in einen schwarzen Fels geritzt

ist, und umkreisen die in eine Steinplatte eingedrückte Fußspur eines Buddha. Die Pilgerroute wird von Erinnerungsstücken aus einer geistigen Realität gesäumt; Zeichen, die von den Göttern zurückgelassen wurden, von Buddhas und von heiligen Männern von solcher Kraft, daß die Steine, auf denen sie standen, immer noch die Spuren ihrer Füße tragen. Bei jeder Umrundung, die ich machte, entdeckte ich weitere solcher Stätten; die Kopf-, Hand- und Fußabdrücke wurden umkreist, mit Verbeugungen bedacht oder mit Butter eingerieben. Es gibt ihrer so viele, daß es für einen einzigen Pilger, wie fromm er auch immer sei, unmöglich scheint, alle an einem Tag zu besuchen, und wenn er es doch tut, verschwimmt ihre Vielfalt zu einem einzigen, überwältigenden Eindruck von Heiligkeit und Kraft.

Vier Nepali-Frauen, Buddhisten aus einem fernen nördlichen Grenzgebiet des Landes, eine Marschwoche südlich des Kailas, umkreisten den Steinhaufen, der die zweite Fußfallstätte anzeigte. Sie gingen dreimal darum herum, dann begannen ihre Verbeugungen. In abgehackten, gleichförmigen Bewegungen, wie ans Ufer brechende Wellen, erhoben sie sich und warfen sich wieder hin. Die Hände erhoben sich, falteten sich, berührten Stirne, Mund und Herz in schneller Folge; die Frauen knieten nieder und streckten sich in voller Länge mit dem Gesicht zum Boden aus, bis die acht Punkte – Knie, Bauch, Brust, Mund,

Stirne und Hände – den Boden berührten, und dann erhoben sie sich und wiederholten den Vorgang. Es war eine völlige Hingabe des Selbst, das den Körper mit der Erde in tiefster Unterordnung unter den Kailas verband, der sich hier aus der Mitte seiner Eis- und Felsbänder erhob wie der Planet Saturn aus seinen Ringen. Ein Stück weiter des Weges erschien die Nordwand im Profil. Zwei der vier Seiten des Berges gleichzeitig sehen zu können, erinnerte an den »Felskristall-*Tschörten*« der Bön-Sage.

Hier wendete sich der Kora-Pfad ostwärts, indem er der Biegung des Lha Tschu folgte. In scharfem Gegensatz zur zurückliegenden Sandsteinphantasie war das nördliche Tal aus Granit mit grauen, abgerundeten Formen. Ähnlich einem Mandala ist der Kailas vierseitig, eingebettet in den Kreis seines Pilgerpfades, und wie bei einem Mandala hat jede seiner vier Seiten ihren eigenen, unverwechselbaren Charakter. Lama Gowinda verglich sie mit den Dhyani-Buddhas, von denen jeder einer Himmelsrichtung, einer Farbe, einem Element und einem geistigen Zentrum des menschlichen Körpers zugeordnet ist. »Der Pilger, der den Berg umwandert, macht die Erfahrung einer geistigen Wiedergeburt«, schrieb er.

»Er naht dem Berg von den gelben Ebenen des Südens her, aus dem Mittag des Lebens, in der vollen Kraft und Erfahrung seines Lebens. Er betritt das rote Tal von Amitabha

In tiefster Hingabe legen manche Pilger den ganzen, einundfünfzig Kilometer langen Weg um den Kailas als Kette von Fußfällen zurück. Mit einer Segeltuchschürze und hölzernen Handschützern versehen, hebt eine Bönpo-Frau die Arme *(gegenüber)*, um sich gleich darauf in voller Länge zu Boden zu werfen; eine von über zwanzigtausend Niederwerfungen, die sie auf ihrer zweiwöchigen Kailasumrundung ausführen wird. *Oben*: Nepali-Frauen umkreisen einen Steinhaufen, der eine *Schapdsche*, eine der vier Fußabdrücke Buddhas entlang des Pilgerweges anzeigt.

im milden Licht der sinkenden Sonne, passiert das Tal des Todes zwischen den dunklen nördlichen und den vielfarbigen östlichen Tälern im Anstieg zum großartigen Dolma La ... und er steigt als neugeborenes Wesen in das grüne Tal von Aksobya, östlich des Kailas hinab ... und wandert wieder in die offenen, sonnigen Ebenen im Süden hinaus, in die Richtung, die dem Dhyani-Buddha Ratnasambhawa und seiner Farbe Gold zugeordnet ist.«

Im Herzen dieses großen spirituellen Diagramms erhebt sich der Kailas, in seiner Erscheinung ständig wechselnd, mit seiner Gegenwart das ganze Gebiet durchdringend. Aus der Vielfalt seiner Anblicke ist jener von Norden der eindrucksvollste; ein tausendfünfhundert Meter gerade aufstrebender Monolith, mit prallen Wänden, wie ein gigantischer Tempel aus Fels und Eis. »Die Größe und Erhabenheit des Anblicks und die Geistesstimmung, die die Gegend durchdringt, sind einfach unbeschreiblich«, schrieb Swami Pranawananda in seinem Führer. Zwei kleinere Hügel flankieren die gewaltige Pyramide wie Schildwachen und vervollkommnen die Symmetrie mit ihrer Ebenmäßigkeit.

Diesem Bild genau gegenüber steht in ehrfurchtgebietender Umgebung die Dirapuk Gompa. Hier meditieren Eingeweihte des tantrischen Buddhismus über Demtschogs Mandala der Höchsten Seligkeit in der Erwartung, ein Traumbild ihrer Gottheit zu erkennen, sei es nun Schiwa oder Buddha oder eine andere aus der Vielzahl, die dort wohnt. Gewöhnliche Pilger wissen wenig von diesen mystischen Übungen, doch sind auch sie im Banne der heiligen Erscheinung des Berges und wiederholen ihre Mantras inbrünstiger. Auf dem Lehmboden des Klosters sitzend, teilen sie ein einfaches Mahl und schlafen, in ihre *Tschuba* aus Schafspelzen gehüllt, während draußen der Kailas im kalten Mondlicht glänzt.

Eines Abends saß ich allein auf dem flachen Dach von Dirapuk und sah zu, wie die Dämmerung langsam in die Nacht überging. Die Dunkelheit kroch aus den Winkeln des Tales, breitete sich aus und umfloß die Lichtinseln der nomadischen Lagerfeuer. Weitere Feuer flammten auf, und sie schienen die Antwort der Lichtpunkte am Himmel, der Sterne, herauszufordern. Hier auf dem Klosterdach fühlte ich mich zwischen Himmel und Erde schwebend; mit warmem Feuer unter mir und kaltem Licht über mir.

Zwischen den beiden Reichen erhob sich der Kailas in eisigem Schweigen, mit dem Symbol der Kraft auf seiner breiten Stirn. Ein paar Minuten lang versuchte ich den gewaltigen Anblick in Worte zu fassen. Dann legte ich mein Notizbuch weg. Die in sich geschlossene Wirklichkeit dieses Berges ließ die Versuche, ihn zu beschreiben oder zu erklären, in ihren Ansätzen steckenbleiben. Er war so undurchdringlich wie der Wadschra, der für die Buddhisten das Absolute symbolisiert.

Der Berg war fast vollkommener, als es eine irdische Gestalt sein darf – und er war es mit einer Absichtlichkeit, die auf eine höhere Realität hinwies. Solche Bereiche sind uns nicht unmittelbar zugänglich, und so müssen wir uns mit Symbolen behelfen, um das Unausdrückbare darzustellen. Worte können die Unendlichkeit einer solchen Erfahrung nicht erfassen; sie zerpflücken nur ihre Ganzheitlichkeit. Im Mondlicht glänzte der Berg in überirdischer Schönheit, tief und kalt.

Der Kailas, vom Ufer des Raksas Tal aus gesehen. Nach dem *Kangri Kartschak*, einem alten Führerwerk für Pilger, ist das Gebiet des Kailas »die Mitte aller Länder, das Dach dieser Welt, das Land von Gold und Edelstein, das Quellgebiet der vier großen Ströme; von der Kristallpagode des Kailas beherrscht und vom Türkis des Manasarowar geschmückt.«

66

Beim ersten Anblick des heiligen Berges ist der Lastwagen stehengeblieben, um den Pilgern Gelegenheit zu ehrerbietigen Verbeugungen zu geben. Für sie ist er die Verkörperung des Göttlichen in Schnee

und Eis. Schon sein bloßer Anblick bringt Segen; ihn zu umwandern, tilgt die Sünden eines ganzen Lebens.

Der Eingang zum Tal der Götter, an der Westseite des Kailas im Abendlicht. Die regelmäßige Gestalt des Berges verleiht ihm das Aussehen eines gewaltigen natürlichen *Tschörten*, und die umliegenden Täler erlauben, ihn wie einen solchen zu umwandern.
Umseitig: Nomaden treiben eine Schafherde am Tschörten Kangnyi, dem »Zweibeinigen Tschörten« vorbei, der den Eingang zum Lha Tschu-Tal markiert. Die Umrundung des Berges soll die Tiere segnen und vor Krankheiten bewahren.
Der *Tschörten* und die *Mani*-Mauern bleiben zur Rechten liegen. Frühe Forschungsreisende berichteten, wie in Tibet sogar Lasttiere von selbst links an heiligen Bauwerken vorübergingen.

Die wiederaufgebaute Kuppel und Spitze des Tschörten Kangnyi gegen den schneebedeckten Gipfel des Kailas. Die im *Tschörten* verwahrten Reliquien sollen jedes lebende Wesen, Mensch oder Tier, welches darunter hindurchgeht, von Krankheit heilen können. Die Sonnen- und Monddarstellung an der Spitze ist ein altes tibetisches Symbol, das den Zusammenhang gegensätzlicher Kräfte darstellt: Manasarowar und Raksas Tal verkörpern ebenso wie Kailas und Manasarowar die Verbindung solcher Gegenpole.

Mit ihrem Weg um den Kailas verbinden die Pilger das Irdische mit dem Göttlichen. Das Ritual der Umwanderung wird sowohl von den Hindus als auch von den Buddhisten als ein Ausdruck der Verehrung ausgeübt. *Links*: Pilger führen ihre Pferde das Tal westlich des Kailas hinauf. Die große Felsgestalt heißt Gombo Pang und ist die Verkörperung einer mächtigen Schutzgottheit. *Oben*: Eine tibetische Frau folgt mit einer silbernen Gebetsmühle in der Hand dem Weg, der sie im Uhrzeigersinn um den Berg führt. Auch die Gebetsmühle wird in der gleichen Richtung gedreht. Mantras, Gebete und Fußfälle bringen den Pilger mit dem Göttlichen in Berührung. Auf der *Kora* wird jeder Schritt zum Gebet und zum konkreten Fortschreiten auf dem Weg zur Erlösung.

Die wiederaufgebauten Anlagen der Tschukku Gompa *(gegenüber)* schmiegen sich zwergenhaft an den Berg Nyenri. Dieser gilt als Wohnort des Kangri Lhatsen, des Schutzgeistes der Kailasregion, dem auch einer der Schreine des Klosters gewidmet ist. *Links*: Eine Pilgerin aus Nepal schickt sich an einem der dafür vorgesehenen Punkte der *Kora* zur Niederwerfung an. Ihr kleiner Sohn klammert sich an ihren Rock.

Gompa – »Stätte der Einsamkeit« – ist das tibetische Wort für Kloster, doch Gompas waren seit jeher mehr als nur Meditationsklausen. Sie waren nicht nur religiöse Zentren, sondern auch Mittelpunkte der Erziehung, Kunst und Kultur in Tibet. Am Kailas und am Manasarowar sorgten sie zusätzlich noch für die Beherbergung der Pilger. Nachdem sie während der Kulturrevolution zerstört worden waren, baute man sie später mit staatlichen und mit Spendengeldern wieder auf. *Unten*: In reichen Farben leuchten die Ritualgegenstände auf dem Altar eines Klosters, vom schwachen Schein der Butterlampen erhellt. Diese werden von den Pilgern durch Opfergaben von Butter immer wieder neu aufgefüllt. Ein weißes Gebetstuch – ebenfalls eine Opfergabe – ist über einem Stapel heiliger Schriften ausgebreitet. *Rechts*: Tiefblick von der Tschukku Gompa auf das Tal des Lha Tschu.

Umseitig: Das westliche Tal ist auch eine Handelsroute, die zu den abgelegenen Tälern nördlich des Kailas führt, wo in den Sommermonaten die Herden der Nomaden weiden. Hier treibt eine Nomadenfamilie eine Herde Lastschaft flußaufwärts. Ein Tier kann zehn Kilogramm Gerste oder Salz in wollenen Satteltaschen transportieren. *Nebenbild*: Stolz wie ein Reiterkrieger aus vergangener Zeit trabt ein Nomade durch den Lha Tschu.

Die West- und die Nordflanke des Kailas leuchten im Sonnenuntergang; ein seltener Blick auf zwei Seiten des Berges gleichzeitig. Bönpo-Schriften vergleichen die symmetrische Form des Berges mit einem »Felskristall-*Tschörten*« oder einer »Kristallpagode«. Die Erscheinung des Kailas ist die irdische Entsprechung des Berges Meru, des großen »Weltenberges«, mit seinen vier Flanken aus Gold, Kristall, Rubin und Lapislazuli. Meru war anfangs das Urbild der göttlichen Mitte der Schöpfung. Durch rätselhafte Vorgänge stieg er zur Erde herab, wo er im Kailas seine irdische Verkörperung fand.

Phantastische, von Wind und Wasser zerfressene Felsformationen säumen die Seiten des westlichen Tales; sie erinnern an verfallene Festungen und Klöster, und der Wanderer sieht sie im Vorbeigehen erscheinen und verschwinden wie Halluzinationen der Natur. Sie sind Tempel der Götter, gewaltige Paläste, in denen unsichtbare, doch wahrnehmbare Geister hausen. Die Pilger verehren diese Geister in der festen Überzeugung, daß sich die Wirklichkeit auf vielen Ebenen äußert, von denen manche der unmittelbaren Wahrnehmung nicht zugänglich sind. So wie auch die Traumbilder dieser Felsformationen ist die sichtbare Wirklichkeit »eine Illusion, ein Traum, eine Fata Morgana am Himmel«, wie der buddhistische Lehrer Nagardschuna sagte.

Die Nordwand des Kailas – eintausendfünfhundert Meter Eis und Fels. Von allen Seiten des Kailas ist dies die eindrucksvollste. *Links*: Die Dirapuk Gompa steht in einer ehrfurchtgebietenden Landschaft. Die in den Fels unterhalb der Gompa gehauenen Höhlen beherbergten einst Eremiten und Meditierende. *Oben*: Pilger auf dem Kora-Pfad bei einer Eintagesumwanderung des Berges. Wenn sie kurz nach Sonnenaufgang diesen Ort erreichen, haben sie schon neunzehn Kilometer zurückgelegt.

Umseitig: Der Kailas erhebt sich hinter dem gezackten Grat des ihn bewachenden Vorgipfels Dschambayang. Eine Besteigung des Berges würde in den Augen derer, die ihn verehren, seine Entweihung bedeuten. Kein Mensch hat je seinen 6675 Meter hohen Gipfel betreten – außer, wie die tibetische Sage überliefert, des buddhistischen Yogi Milarepa, der durch einen Zauber zum Gipfel flog.

»Um die Größe eines Berges zu sehen, muß man Abstand davon bewahren, um seine Gestalt zu begreifen, muß man ihn umwandern, um seine Stimmungen zu begreifen, muß man ihn bei Sonnenaufgang und bei Sonnenuntergang sehen, zu Mittag und um Mitternacht, bei Sonnenschein und bei Regen, bei Schnee und bei Sturm, im Sommer und im Winter und in allen anderen Jahreszeiten. Wer den Berg so sehen kann, der kommt seinem Leben nahe, einem Leben, das so intensiv und vielfältig ist wie das eines menschlichen Wesens.« (Lama Anagarika Gowinda, *Der Weg der weißen Wolken*)

5 Der Hügel der Erlösung

»Wer *Parikrama*, die rituelle Umwanderung des heiligen Berges, mit völliger Hingabe und Konzentration ausführt, geht durch einen vollen Kreis von Leben und Tod.«
(Lama Anagarika Gowinda, *Der Weg der weißen Wolken*)

Dirapuk bedeutet »Höhle des Yakkuh-Horns«, und der kleine Tempel des Klosters ist um eine Felshöhle herumgebaut, deren Wände die Dellen der *Dri*-Hörner aufweisen. Auf dem Altar steht das puppenähnliche Bildnis von Gotsangpa, dem Entdecker des Kailasweges. Auch seine Geschichte ist die typische Mischung aus Mythos und Faktum. Nach den Berichten der Kargyu-Sekte lebte ein berühmter Mönch namens Gotsangpa von 1213 bis 1217 tatsächlich in einer Höhle am Kailas. Die Sage wiederum schildert Gotsangpa als Pilgermönch, der zum Manasarowar reiste. Bei seiner Rückkehr rastete er am Eingang des großen Lha Tschu-Canyons und schickte sich an, Tee zu kochen – doch war der Ort so heilig, daß er keinen einzigen Stein fand, um seinen Kessel darauf zu setzen; jeder Stein, den er aufhob trug ein heiliges Mantra. Gotsangpa verließ sein Feuer und machte sich auf die Reise um den Berg, wobei ihn viele, in Tiergestalt verkleidete Gottheiten leiteten. Über die ganze Länge des Lha Tschu-Tales jagte er einer Yakkuh nach: In der Höhle von Dirapuk in die Enge getrieben, offenbarte sie ihre wahre Natur als *Dakini*, als eine der zahllosen weiblichen Geisterwesen, Hüterin der mystischen Eingebung.

Die gleiche *Dakini* von der »Löwenseite«, Senge Dongpa, des Berges, wacht über einen halbversteckten Paß zwischen den nördlichen und den östlichen Tälern. Der Pfad über diesen Khamdo Sanglam La ist kürzer als die übliche Pilgerroute, doch die Anwesenheit seiner grimmigen Beschützerin läßt die Pilger vor seiner Überschreitung zurückschrecken, solange sie nicht zwölf Kailas-Umrundungen ausgeführt haben. Erst auf der glückverheißenden dreizehnten *Kora* benutzen sie den geheiligten Paß.

Von Dirapuk steigt der Pilgerpfad zu einem 5636 m hohen Paß an, den eine gütigere weibliche Gottheit, Dolma, die Retterin des tibetischen Buddhismus, bewacht. Trotz ihrer unendlichen Gnade bleibt der Anstieg zu ihrem Paß eine Prüfung des Glaubens und der Entschlossenheit. Mehr als nur ein Pilger fand hier den Tod, wo ein Schneesturm ohne Vorwarnung ausbrechen und tagelang wüten kann.

Auf unserer ersten *Kora*, einer langsamen, viertägigen Runde, legten wir in Dirapuk einen Pausetag ein, um auf besseres Wetter zu warten. Als die Wolken aber blieben, schlossen wir uns zusammen mit anderen Pilgern einer Nomadenfamilie aus Amdo an, welche ihre Yaks unterhalb Dirapuk sattelte. Im Falle eines Schneesturms konnte man sich auf die Spurstärke der Tiere verlassen. Unsere neuen Begleiter waren Dordsche, seine Frau Mingmar, ihre drei Söhne und Dordsches achtundsechzigjährige Mutter. Der älteste der Buben konnte schon selbst gehen, der mittlere ritt, in warme Steppdecken verpackt, auf einem Yak und das knapp ein Jahr alte Baby lugte aus einer schafsfellenen Rückentrage seiner Mutter hervor.

Der Paß, auf den wir zugingen, lag sechseinhalb Kilometer vor uns und über siebenhundert Höhenmeter oberhalb Dirapuk. Sein Name ist Dolma La und seine Überschreitung bedeutet auf der geistigen Ebene der Wallfahrt den Übergang aus diesem Leben in ein neues. Denn auf der Paßhöhe wird der Pilger neu geboren, all seine Sünden sind durch die Gnade Dolmas, einer der geliebtesten tibetischen Gottheiten, vergeben. Wörtlich übersetzt bedeutet ihr Sanskrit-Name, Tara, »Die beim Überqueren Helfende« – nicht nur auf die andere Seite des Passes, sondern auch auf die »andere Seite« der geistigen Erkenntnis.

Der Pfad wand sich über einen felsdurchsetzten Hang in den Nebel davon. Die Reihe der Pilger erstreckte sich weit nach vorne, und ihre kleinen Gestalten in der Ferne vermischten sich im Nebel mit den Umrissen aufgestapelter Steine. Steinmänner säumten zu Hunderten den Weg als Opfergabe an Dolma und Nachbildungen des Kailas. Sie waren zu phallischen Formen aufgeschichtet, ein Wald aus *Lingas*, der blanken Erde entsprungen.

Hoch oben zu unserer Rechten schimmerte der Gipfel hell durch das diffuse Licht und verschwand dann in dem brodelnden Gewölk. Mit seinem vom Nebel verschluckten Fuß

erschien das riesige Felsgebilde ätherisch leicht. Es schien in der Luft zu schweben; eine geisterhafte Erscheinung, die sich immer wieder in den Blickpunkt setzte und daraus verschwand. Wenn ich auf ihren Anblick wartete, war nichts zu sehen, und wenn ich ihn am wenigsten erwartete, ließ mich ein zufälliger Blick hinauf unwillkürlich stehen bleiben: die schwebende Eispyramide war wie eine Erscheinung aus einer anderen Welt.

Lautes Krachen zerriß die Stille der Luft: Von den Wänden über uns brachen Eistrümmer in die Tiefe. »Senge«, murmelte jemand – »Löwe« –, und wir hielten einen Augenblick an, um den in Nebel gehüllten Hang hochzuspähen. Die Szene war so außerordentlich mit dem ziehenden Nebel und den grauen Granitbergen, daß ich jeden Augenblick den sagenhaften Schneelöwen mit der Türkismähne zu sehen erwartete. Der tibetische Volksglaube schreibt seinen leichten Sätzen von Berg zu Berg das Auslösen von Lawinen zu.

Der Zug bewegte sich gleichmäßig weiter, zum Mittelpunkt des Mysteriums. Die Schritte paßten sich dem gleichmäßigen Rhythmus des Mantras von Tara an: »OM TARE TU TARE TURE SO HAH«. Mit jeder Wiederholung wurde ein neuer Schritt gemacht, ein neuer Atemzug, schlüpfte eine weitere Kugel des Rosenkranzes zwischen den Fingern dahin.

Auf halbem Wege rasteten wir an einem felsdurchsetzten Flachstück am Wegesrand, auf dem ein seltsamer Wust abgelegter Kleidungsstücke zuhauf lag. Die alte Frau sank müde

Zeremonien bezeichnen jeden Schritt des Pfades. Ein Pilger kniet betend auf dem Schapdsche Datok *(ganz links)*, einem Felsblock, der einen Fußabdruck Buddhas trägt. Eine Nepali-Frau *(unten)* berührt verehrungsvoll eine natürliche Vertiefung in einem Felsblock, die als *U-Dusche*, als Kopfabdruck eines Heiligen, angesehen wird. Mit einer Trommel und einer Glocke in der Hand singt ein *Lama (rechts unten)* vor den zu Boden geworfenen Pilgern am Schiwa Tsal. Das Ritual soll die Reise ihrer Seelen nach dem Tode erleichtern. *Kang Pu*, eine wohlriechende Pflanze, die als Räucherkraut verwendet wird, wächst entlang des Aufstiegs zum Dolma La *(links)*.

in den Lumpenhaufen, froh, einen warmen Ruheplatz gefunden zu haben. Überall ragten senkrecht Steine aus dem Boden, die merkwürdig mit Hemden oder Kindergewändern angetan waren. Wir befanden uns am Schiwa Tsal; er trug den Namen der berühmten indischen Einäscherungsstätte, denn dies hier war ebenfalls eine Stätte des Todes. Um wiedergeboren zu werden, muß man zuerst sterben, und hier an dieser Stelle tritt der Pilger Yama gegenüber, dem König des Todes, dessen Gericht ihn für das neue Leben läutert, das ihn auf dem Dolma La erwartet.

Unsere Gefährten trugen dem Rechnung, indem sie Stücke aus ihrer Kleidung und Strähnen aus ihrem Haar schnitten und diese auf den Haufen am Boden warfen. Dordsche fuhr mit der Daumenspitze über die Schneide eines Messers, quetschte ein paar Blutstropfen heraus und ließ sie, Gebete murmelnd, zur Erde fallen. Diese Opfergaben sollten eine körperliche Verbindung zwischen dem Geist und dieser heiligen Stätte schaffen und die Seele für ihre lange Reise aus diesem ins nächste Leben vorbereiten. Das Überraschungsmoment des Todes wird durch die Vorbereitung des Rituals des Schiwa Tsal etwas gemildert. Manche behaupten, daß die hier gebrachten Opfer den gleichen religiösen Verdienst bringen, wie der Tod auf der Wallfahrt. Andere glauben, daß sie eine Wiedergeburt in Tibet garantieren – wo das Leben, trotz all seiner Härten, durch die Lehren Buddhas lebenswert ist.

Auf einer *Kora* wurde ich Zeuge einer Todeszeremonie, die ein junger Mönch am Schiwa Tsal zelebrierte. Seine Pilgergruppe lag der Länge nach ausgestreckt in einem Halbkreis zu seinen Füßen, die Hände auf die Augen gelegt oder Rosenkränze haltend, so daß man nur schwer sagen konnte, ob sie Schlaf oder Tod vortäuschten. Der Mönch stimmte einen rhythmischen, von Handtrommeln und Schellen unterbrochenen Gesang an. Minutenlang hob und senkte sich seine Stimme und lullte die Schläfer in Trance. Kein Finger rührte sich, bis nicht der Ruf »Phat!« alle noch zurückgebliebenen bösen Geister verscheucht hatte. Dann standen alle auf, strichen ihre Gewänder glatt, rückten die Hüte zurecht und machten sich ohne ein weiteres Wort auf den Weg bergauf.

Kurz hinter dem Schiwa Tsal sahen wir einem indischen Pilgerzug zu, der auf Yakrücken vorbeizog. Mit Sweaters, Schals und Sonnenbrillen angetan, ergaben sie komische Cowboys auf den kurzbeinigen Yaks. Eines der Tiere rebellierte und begann zu bocken; der Reiter klammerte sich hilflos an den Holzsattel und fluchte laut auf Hindi. Die meisten stiegen, als die Steigung schärfer wurde, ab und gingen den Rest des Weges zu Fuß, wobei sie alle paar Sekunden stehenblieben, um nach Luft zu schnappen. Trotz ihrer Müdigkeit

besaßen sie noch Kraft, um Witze zu reißen. »Es ist der Traum eines ganzen Lebens, aber ich werde vielleicht nicht lange genug leben, um ihn zu erleben«, murmelte ein Mann.

Vor uns lag der Hügel der Erlösung, der letzte und steilste Anstieg. Nach einer weiteren Stunde war die Steigung zu einer ernsthaften Sache geworden. Ich konnte nur noch die Schritte unter meinen schweren Atemzügen zählen und mußte nach fünfzig oder fünfundsiebzig davon rasten. Die Luft war schmerzhaft dünn, doch auf dem ganzen Weg hinauf sang eine Frau pausenlos wortlose, wehklagende Crescendos die Tonleiter hinauf und hinab. Ihr rauher Singsang fügte sich mit der Kargheit der Umgebung so zusammen, daß mir eine Gänsehaut den Rücken hinunterlief.

Die Hufe der Yaks scharrten nach Halt, und laute Rufe trieben die Tiere bergan. Dordsche hob seinen müden Sohn auf seine Schultern und trug ihn weiter. Noch zwanzig Schritte, noch hundert – und ein triumphierender Schrei flog von oben herab: »La, so so so so so!« – der Ruf an die Geister, die die windgepeitschten Pässe Tibets bewachen. Hinaufschauend sah ich Gebetsfahnen und gemalte Mantras, die die Farben der Freude in die monochrome Landschaft streuten: endlich der Dolma La, der Paß der Erlösung und Errettung.

Der erste Mensch, der ihn erreichte, war wieder Gotsangpa, den Dolma selbst hierher führte. Bei dem großen Felsblock, der den Paß markiert, verschwand sie in der Gestalt von einundzwanzig Wölfen; der Fels ist als der »Dolma-Stein« bekannt. Die Pilger verehren ihn mit der gleichen Hingebung wie einen Tempelschrein, indem sie ihn umkreisen, sich vor ihm beugen, Gebetsfahnen an seine Spitze hängen. Ein merkwürdiges Durcheinander von Opfergaben lag an den Seiten des Felsblocks verstreut: Batzen von Butter und Prisen von *Tsampa*, chinesisches Papiergeld und Münzen, Porträts von Pilgern, die mit großen, feierlichen Augen in eine chinesische Studiokamera schauten. Und wieder waren Haarsträhnen und alte Gewänder da; sogar ein Rosenkranz aus Menschenzähnen steckte in einer Felsritze.

Eine stetige Prozession umkreiste den Dolma-Stein und kletterte auf diesen, um noch weitere rote, grüne, gelbe und blaue Gebetsfahnen daranzuhängen, bis sich der Stab unter dem Gewicht der Opfergaben bog. Weitere Geschenke wurden um den Felsblock ausgelegt: alte Kleidung, abgeschnittene Haarzöpfe, gehörnte Schafschädel. Es ist Brauch, hier jeweils einen Gegenstand zurückzulassen und einen mitzunehmen; der Streifen einer so erhaltenen Gebetsfahne gilt als glücksbringendes Amulett.

Nach den Ritualen ging es ans Feiern. Dieser geographische Höhepunkt war gleichzeitig auch der emotionale Höhepunkt der gesamten Kora. Wir saßen in einem Kreis auf dem Boden bei einem gemeinsamen Mahl mit besonderen Leckerbissen: in der Pfanne gebratenes Brot, getrockneter Käse, Süßigkeiten und Stücke rohen braunen Zuckers. Alles wanderte frei von Hand zu Hand und türmte sich am höchsten vor dem, der glaubte, Zurückhaltung üben zu müssen. Ein zottiger Hund mit ins Fell geknoteten Gebetsfahnen schlich, Abfälle suchend, umher. Raben verfolgten den Fortgang der Mahlzeit mit scharfen Augen und trugen alle eßbaren Stückchen von der Spitze des Dolma-Steins davon.

Weitere Pilger kamen in gleichmäßiger Folge an: Es ist besonders tugendhaft, eine Kora am Tag des vollen Mondes auszuführen, und von Mittag an lebte der kahle Paß mit Farben, Lachen und Rufen auf. Aus der entgegengesetzten Richtung kam eine Gruppe Bönpo, deren Umwanderung gegen den Uhrzeigersinn die buddhistische *Kora* hier in Wegmitte kreuzt. Die ersten der indischen Pilger trafen ein und warfen sich erschöpft, mit benommenem Lächeln zu Boden. Nachdem auch der Rest der Gruppe angekommen war, begannen sie eine hinduistische *Pudscha* vor dem Dolma-Stein. Sie opferten Räucherwerk und getrocknete Kokosnüsse, die die neugierigen tibetischen Buben bei der ersten Gelegenheit knackten.

Wir alle blieben hier oben sitzen, solange es nur möglich war, und genossen die Rast, das Essen und die erstaunliche Kraft der Sonne, die zur Krönung unserer Feier durch die Wolken gebrochen war. Bald aber verschwand sie wieder im kalten Grau. Der aufkommende Wind und das schräg einfallende Licht sagten uns, daß es Zeit war, aufzubrechen.

Der Pfad senkte sich zum Tukdsche Tschenpo Tso, dem See der Großen Gnade hinab: ein zartgrünes Juwel inmitten einer wilden Eisszenerie. Mit seinen 5575 Metern zählt er zu den höchstgelegenen Seen der Welt. In manchen Jahren bleibt er den ganzen Sommer über gefroren, und die Pilger schleudern schwere Steine auf das Eis in vergeblichen Versuchen, dieses zu brechen, um sich mit dem kalten Wasser zu benetzen. Öfter aber sehen sie von den in den Schriften geforderten Waschungen ab und eilen vorbei.

Wir bewegten uns auf dem steilen Weg schnell bergab in ein neues und gänzlich verschiedenes Land. Diese Nordostseite war von senkrecht gepreßten Felsklippen gesäumt, deren Risse sich mit der Schärfe einer Tuschezeichnung abhoben. Große eckige Steinblöcke waren aufeinandergestapelt wie umherliegende Riesenspielzeuge. Eine dieser kopflastigen Felsformationen reckte ihre drohende Silhouette gegen den Himmel. Die Tibeter nennen sie »Beil des Karma«, ein Symbol der karmischen Vorgänge von Ursache und Wirkung, Aktion und Reaktion, jedoch durch die Gnade der Dolma seiner Wirkung beraubt.

Nach mehr als einstündigem Abstieg lief der Pfad eben in ein grünes Tal hinaus. Das weiche Gras war eine Wohltat für die müden Füße, und das Plätschern der Bäche war willkommen nach dem trockenen grauen Staub des Passes. Schwarze Nomadenzelte sprenkelten die grünen Flächen auf dieser milderen Seite der *Kora*, und die dazugehörigen Yaks weideten friedlich am Weg. Nomaden können anscheinend überall leben; frisches Wasser und Gras sind alles, was ihre Herden brauchen, und das gibt ihnen ihre beneidenswerte Unabhängigkeit. »Wo ist euer Heim?« fragte ich, und hörte den Stolz in ihrer Antwort: »Wir wohnen in Zelten.« Es klang, als ob ein Zelt der angenehmste Ort der Welt sei.

Eines Abends lagerten wir in diesem östlichen Nomadental neben dem Bach, kurz unterhalb einer Zeltgruppe. In der Dämmerung trieben die Kinder die Herden mit langen Pfiffen zusammen. Rufe und Schreie, der Rauch der Feuer und der Klang einer Trommel drangen zu mir herüber. Die Szene war zeitlos: Einen Augenblick lang spürte ich, wie wenig die Jahrhunderte in ihrem Leben geändert hatten. Die Dunkelheit ließ ihre Welt zu einem kleinen Kreis aus Wärme und flackerndem Licht rund um ein Feuer zusammenschrumpfen, und wenn dieses erlosch, legten sie sich schlafen, während die Sterne ihre alte Bahn zogen, und der Jäger Orion, auch er ein Nomade, seine Beute über das Firmament verfolgte. In der Nacht gab es nur das, was immer schon existiert hatte: schwarze Zelte vor kahlen Bergen und schneebedeckten Gipfeln, Sterne und schneidend kalten Wind.

Obwohl das östliche Tal nicht so spektakulär war wie die anderen Seiten der Kora, hatte es seine eigene subtile Schönheit. Der wolkenreiche Himmel fügte sich gut zu der veränderten Stimmung: graubraune, nebelverhangene Hügel, darüber schneeüberzuckerte Felszinnen. Überall hörte man das Wasser, gurgelten Rinnsale und tropfte es von den Felsen. Die Feuchtigkeit ließ die Wildblumen und eine ganze Palette weicher, frischer Farben sprießen. Der Kailas, zuletzt vom Anstieg zum Dolma La sichtbar, zeigte sich noch einmal kurz. Es blieb der einzige Anblick von dieser Seite, und ein dritter *Tschaktsel Gang* sammelte ihm die gebührende Reverenz.

Am Ufer des Zhong Tschu machten wir eine Teepause. Dordsche zerriß einige Fetzen getrockneten Yakdungs, warf eine Handvoll verdorrten Grases darauf und brachte das Ganze mit viel gutem Zureden zum Brennen. Mit einem Blasebalg aus Schafsleder führte er dem Feuer den Sauerstoff zu, den es in dieser Höhe brauchte. Die Yaks wurden abgesattelt und zum Grasen freigegeben; die Kinder saßen in einer Reihe auf einer Decke, und das älteste brach getrocknete Aprikosenkerne auf und reichte uns die nach Mandeln schmeckenden Samen. Bald kochte der Tee in dem abgenutzten, schwarzen Kessel. Wir tranken dankbar das salzige Gebräu und steuerten unsre übriggebliebenen Kekskrümel zu dem Mahl aus Tsampa und getrocknetem Käse bei. Dann zogen wir wieder los, während die Tibeter ihre Yaks wieder sattelten. Dordsche sagte uns, daß sie wahrscheinlich im Tal übernachten würden, doch wir hofften beim Einbruch der Nacht in Tartschen zu sein.

Dieses Tal gehörte zuallererst Milarepa, Tibets geliebtem Heiligen und Dichter. In ein dünnes weißes Gewand gehüllt, das ihm seinen Namen »Der Baumwollgekleidete« eintrug,

Die selten gesehene Ostseite des Kailas *(links)* zeigt sich nur an einem einzigen Punkt der *Kora. Unterhalb, von oben nach unten*: Gestreifte Bergformen begleiten das östliche Tal; Zutulpuk Gompa neben einem gewaltigen Felsblock, der von Milarepa hochgehoben worden sein soll; mit Mantra-Inschriften versehene Schulterblätter von Schafen hängen über dem Eingangstor von Zutulpuk.

streifte er durch das Grenzgebiet von Nepal und Tibet, verband Wundertätigkeit mit Meditation und überlebte die eisigen Winter mittels der Yogatechnik der »Inneren Wärme«. Seine Zeit war vor fast tausend Jahren, aber seine Wunder und seine einfachen, unmittelbaren Lieder sind noch heute unter den Tibetern lebendig. Ein Lied erzählt von Milrepas Zusammentreffen mit dem Bönpo-Schamanen Naro Bön Tschun. Es spielte sich an den Hängen des Kailas ab und verwandelte den Berg von einem Bönpo- zu einem buddhistischen Heiligtum.

Naro Bön Tschun war ein mächtiger Schamane, der schon lange in der Gegend praktiziert hatte, als Milarepa mit seinen Schülern an den Ufern des Manasarowar eintraf. Jeder der beiden beanspruchte das Gebiet für seine Religion und für seine Tradition. Der Bönpo berief sich auf das Recht des zuerst Dagewesenen; Milarepa hingegen zitierte Prophezeiungen des Buddha, wonach ein großer Schneeberg dazu bestimmt sei, ein Hauptzentrum seiner Religion zu werden. Um den Streit auszutragen, schlug Naro Bön Tschun einen Zauberwettbewerb vor. Sogleich begann er, indem er, einen Fuß an dieses, den anderen an jenes Ufer setzend, den ganzen Manasarowar überbrückte. Milarepa verlor kein Wort der Antwort. Zuerst schwebte er über dem See und bedeckte die ganze Wasserfläche mit seinem Körper; dann balancierte er den ganzen See auf der Spitze seines Daumens. Der Wettkampf ging in dieser Weise weiter, und der Bönpo verlor jedesmal.

Die beiden Magier reisten zum Kailas, wo die *Kora*-Route noch heute die Spuren ihres Kampfes trägt. Ein flacher Fels östlich des Dolma La ist mit Vertiefungen gezeichnet, welche die Fußabdrücke Milarepas und Naro Bön Tschuns sein sollen. Jeder hatte die Kora in der von seiner Religion geforderten Marschrichtung unternommen: Auf diesem Felsblock gerieten sie aneinander und begannen ein gewaltiges Tauziehen, welches Milarepa natürlich gewann. Er zog den Bönpo im Uhrzeigersinn, in der buddhistischen Richtung, den ganzen Weg bis zur Zutulpuk Gompa hinter sich her.

Proben der Stärke, des Gehens, des Hausbauens – Milarepa gewann sie alle. Erschöpft schlug Naro Bön Tschun einen letzten Wettkampf vor: Wer den Gipfel des Kailas im Morgengrauen des Vollmondtages erreichen würde, dem sollte der Endsieg gehören. In aller Frühe schon erschien Naro Bön Tschun, auf seiner Zaubertrommel fliegend, am Himmel. Mila-

Pilger bei einer Teepause am grünen Ufer des Zhong Tschu.
Links oben: Die nebelverhangenen Gipfel über dem östlichen Tal.

repas Schüler waren in großer Sorge: »Meister, er nähert sich dem Gipfel!« riefen sie, doch ihr Meister bieb in Meditation versunken an seinem Platz. Plötzlich wurde der Aufstieg des Bönpo gebremst. Es war, als ob er gegen eine unsichtbare Mauer anzukämpfen hätte – und der magische Wille des Milarepa war in der Tat eine solche. Der Schamane konnte nichts anderes tun, als den Berg zu umkreisen.

Als die ersten Strahlen der Morgensonne die Kuppel des Kailas berührten, vermengte sich Milarepa mit ihnen und ließ sich zum Gipfel tragen. Der Bönpo war von diesem Anblick so überrascht, daß er von seiner magischen Trommel herabfiel. Diese kullerte die ganze Südwand des Berges hinunter, wobei sie eine tiefe, senkrechte Rinne hinterließ. Die versammelten örtlichen Gottheiten lachten schallend über die Szene.

Naro Bön Tschun blieb nichts anderes übrig, als seine Niederlage einzugestehen. Er bat Milarepa, ihm eine neue heilige Stätte zuzuweisen, wo seine Anhänger weiterhin ihrem eigenen Weg folgen könnten. Milarepa nahm eine Hand voll Schnee vom Gipfel und schleuderte diesen ostwärts, in Richtung des Manasarowar. Der Schnee landete auf einem gestreiften Berg, der auch im Sommer vier diagonale Schneefelder trägt. »Dort ist dein neuer Berg«, sagte Milarepa, und obwohl das Bönpo-Kloster an seinem Hang schon lange buddhistisch geworden ist, heißt der Berg immer noch Bön Ri, also Bön-Berg.

Zutulpuk Gompa, das Kloster der Wunderhöhle, lag ein paar Stunden Weges talauswärts. Auch hier hatte Milarepa einen seiner zahlreichen Siege über den Bönpo-Schamanen errungen. Die Meditationshöhle Milas ist heute der Hauptschrein der *Gompa*. Zuerst, berichtet die Sage, habe er sein Felsloch für zu eng befunden und die Decke einfach hochgedrückt. Dann aber sei sie ihm – auch Zauberer können sich irren – ungemütlich weit und zugig vorgekommen. Also sei er auf den Felsen geklettert und habe diesen wieder etwas tiefer gestampft, und seine Hand- und Fußabdrücke sind heute noch zu sehen. In der kleinen Höhle knieten die Pilger, um ein Bildnis des Milarepa zu verehren, das den Heiligen, in charakteristischer Pose sitzend, zeigt: die hohle Rechte hinter dem Ohr, wie einer inneren Stimme lauschend.

Von Zutulpuk waren es noch elf Kilometer bis Tartschen. Wir wanderten in die sinkende Sonne, und die Beine bewegten sich wie von selbst im seit dem Morgengrauen gewohnten

Rhythmus. Am späten Nachmittag wehte ein starker Wind das enge Tal herauf und stemmte sich uns zusätzlich entgegen. Der Wille konzentrierte sich auf den nächsten Schritt und dann auf den übernächsten, und ich hatte keine Augen mehr für die merkwürdig gestuften, zikkuratartigen Berge zu beiden Seiten des Tales. Es war leichter, trotz der Müdigkeit immer weiterzugehen, als zu rasten und sich danach wieder aufzuraffen.

Es kam noch ein letzter Augenblick des Überirdischen: Unmittelbar bevor das Tal in die Ebene von Barkha mündete, brach die Welt in einen Rausch der Farben aus – wie zum Abschied und zum Segen. Die Tibeter nennen diese Örtlichkeit die »Roten und Goldenen Klippen«; ein Canyon wie aus dem Märchenland, mit bunten, mineralischen Farben. Orangerote Blöcke lagen in einem blauen Hang verstreut, ein paar Schritt weiter leuchtete es grün und purpur, rot und schwarz; alle nur denkbaren Nuancen brachte die Erde hervor, wie zur Schlußdarstellung aller Wunder der *Kora*. Jede Biegung des engen Pfades gab den Blick auf neue Farbkombinationen frei, doch das überwältigende Finale war der Blick auf die hinter uns liegende Szenerie.

Jedesmal wenn ich hier vorbeikam, erwartete ich, daß die zunehmende Gewöhnung daran den Eindruck dieses Ortes auf mich abschwächen würde, doch die Farbensinfonie blieb jedesmal gleich. So war Tibet: Täglich hingen Regenbogen am Sommerhimmel, und ihre Farben erschienen mit unglaublicher Intensität auf der Erde. Es war, als ob Gott als Maler das Land als seine Leinwand benutzt und die nackten Hügel vorher sauber geputzt hätte, um dann die Farbe mit besonders dicken Pinselstrichen auftragen zu können: unwahrscheinliche, noch nie gesehene Kombinationen aus Rosa, Malve und Grün, Orange und Purpur; eine meisterhafte Palette für alle Töne der Natur, stark, fein und klar.

Die letzte der Fußfallstätten befand sich am Ende der »Regenbogen-Strecke«. Erschöpft sank ich auf einen Felsblock und schaute auf das gewaltige Tal zurück. Winzige Gestalten erschienen, eine hinter der anderen zwischen den bunten Felsen. Langsam kamen sie näher, fröhlich lachend und schwatzend; junge Leute, die sich ebenso auf einem Ausflug wie auf einer Wallfahrt befanden. »Nicht stehen bleiben; komm mit, sonst erreichst du Tartschen nicht mehr vor Dunkelheit«, riefen sie mir zu, und so ging ich mit ihnen, und die restlichen Kilometer schmolzen unter ihren frischen Schritten dahin.

Der große Kreis war nun fast geschlossen. Zur Rechten verdeckten Hügel den Kailas, und seine unsichtbare, doch fühlbare Anwesenheit schien auf den Pfad eine magnetische Anziehungskraft auszuüben und diesen stets zu sich hin, zu einer Kreisform zusammenzuziehen. Die Sinnbildlichkeit der *Kora*, der großen Umrundung, nahm an diesem Punkt sichtbare Formen an: Der Mensch kreiste um einen Fixpunkt wie die Planeten um die Sonne. Bei diesem tagelangen mühevollen Akt der Verehrung war jeder Schritt ein Gebet und ein greifbarer Fortschritt zur Erlösung.

Auch wenn es abergläubisch klingen mag, ist die Vollendung des großen Kreises – selbst auch ein Symbol des Unteilbaren, Göttlichen – eine aktive Form der Meditation, die den Geist in einem Mittelpunkt sammelt. Damit fügt sich das Individuum in das kosmische Schema ein – die Kreisbewegung des Universums, welche sich für die asiatischen Religionen um den Berg Meru abspielt. Wie Meru Fixpunkt des Universums, so ist Kailas der des irdischen Reiches, Merus körperliches Gegenstück; und indem der Pilger die Weltordnung nachvollzieht, erreicht er die Übereinstimmung mit dieser und wird von einem Bruchstück zu einem Teil des Ganzen.

Größere Anstrengung wird dem Pilger abverlangt, wenn der *Kora*-Pfad zur Hälfte zurückgelegt ist. Von der Dirapuk Gompa steigt der Pfad siebenhundertfünfzig Höhenmeter zum Dolma La, dem Paß der Erlösung, wo der Pilger wiedergeboren werden soll. Eine alte Frau müht sich zur Paßhöhe hinauf, wobei ihr Enkel ihr hilft.

Gebete leiernd umkreist eine Pilgergruppe die heilige Stätte Schiwa Tsal. Alle hier Vorbeikommenden lassen ein Kleidungsstück, eine Haarlocke oder ein paar Blutstropfen zurück – Opfergaben, die eine Verbindung zu dieser Stätte, die der Seele auf ihrer Wanderung nach dem Tode helfen wird, schaffen sollen. Bei Ritualen wie diesem gehorchen die Pilger der Tradition. Wenige können die Bedeutung der Handlungen, die sie im Namen des Glaubens ausführen, in Worten erklären.

Jeder Schritt wird zur Opfergabe auf dem Weg hinauf zum Paß der Dolma, der Göttin des Mitleids im tibetischen Buddhismus. Die Kraft, die der Pilgerpfad schenkt, entspringt nicht zuletzt aus den Mühen der Reise. Persönliche Opfer sind nötig, um ein höheres Ziel zu erreichen, doch bleibt die Mühsal der Reise verschwindend im Vergleich zum geistigen Lohn, der auf der Paßhöhe winkt. *Oben*: Eine Pilgerkolonne müht sich den Hügel der Erlösung hinauf; die Steinhaufen am Wegrand sind als Opfergaben aufgeschichtet. Die heilige Silbe OM ist in einen Fels am oberen Bildrand eingeritzt. *Rechts*: Mit einer kupfernen Gebetsmühle auf dem Rücken wandert diese Frau zum Dolma La empor.

»La, so so so so!« Freudige Rufe und bunte Gebetsfahnen begrüßen die Pilger auf dem 5636 Meter hohen Dolma La. Drei Frauen werfen sich in Verehrung vor dem gewaltigen, Dolma gewidmeten Felsblock nieder. Im tibetischen Volksglauben waren Pässe Wohnsitze der Götter: Steinmänner, Umwanderungen und Gebetsfahnen zollen den unsichtbaren Wächtern die gebührende Anerkennung und gewährleisten einen sicheren Abstieg.

Der Dolma La ist der physische und emotionale Höhepunkt der ganzen *Kora*; feierliches Ritual verbindet sich mit fröhlichem Feiern. *Rechts*: Pilger feiern mit einem gemeinsamen Festmahl ihre Ankunft auf dem Paß. Das Vergnügen verträgt sich in Tibet gut mit dem Gebet, und eine Pilgerfahrt um den Kailas nimmt oft Züge eines Picknicks an. *Gegenüber*: Pilger binden Gebetsfahnen an Seile, die von dem Dolma-Stein zum Boden gespannt sind. Jede Fahne bringt ihrem Stifter religiöse Verdienste ein: Wenn sie in der Luft flattert, werden die darauf gedruckten Gebete über die Erde verstreut.

Im Zentrum der Verehrung auf dem Paß steht der gewaltige Dolma-Stein *(umseitig)*, mit aufgemalten Mantras, mit Opfergaben geschmückt und mit Gebetsfahnen behängt. Pilger beugen sich davor in Verehrung; ihre Gaben liegen auf dem Pfad um den Felsen zuhauf. Der Sage nach soll die Dolma in der Gestalt von einundzwanzig Wölfen unter diesem Fels verschwunden sein, nachdem sie den Mönch Gotsangpa bis zur Paßhöhe geführt hatte. Tibetische Frauen *(rechts)* salben den Dolma-Stein mit Butter und streuen *Tsampa*-Prisen als Opfergaben darauf. Vor Verzückung bebend, ruft ein Nepali-Schamane *(gegenüber)* auf dem Dolma La in Trance Gottheiten an. Örtliche Traditionen der Geisterbeschwörung haben sich in abgelegenen Gebieten Westnepals bis heute erhalten und bilden ein merkwürdiges Geflecht mit buddhistischen, hinduistischen und animistischen Glaubenselementen. Schamanen oder Dschankri lenken göttliche Kräfte in die Welt der Menschen; sie praktizieren als Wunderheiler, Astrologen und Hellseher.

Ein indischer Pilger *(gegenüber)* berührt mit seiner Stirn in Verehrung den Dolma-Stein, wobei er seinen Gebetskranz, zum Empfang des Segens ausgestreckt, an den Stein hält. *Links*: Tradition im Lauf der Generationen – eine Nepali-Mutter hebt ihren Sohn zum Empfang des Segens an den Stein hoch.

Die Pilger auf der eintägigen Rundwanderung müssen sich beim Abstieg vom Paß beeilen, um noch vor Einbruch der Nacht in Tartschen zu sein. *Rechts*: Im Abstieg vom Dolma La ziehen die Pilger an den grünen Wassern des Tukdsche Tschenpo Tso, des »Sees der Gnade«, vorbei, der mit 5575 Metern zu den höchstgelegenen Seen der Welt zählt. *Unten*: In einer kalten Zeremonie wäscht ein Pilger unter Mithilfe eines Gefährten seinen Kopf mit dem Wasser des Sees, ein Ritual, das an die geistige Läuterung auf dem Dolma La anschließt.

Eine Familie führt ihre Ponys den steilen Pfad von der Paßhöhe ins östliche Tal hinab *(rechts)*. Ein tibetisches Sprichwort sagt: »Ein Pferd, das bergauf nicht trägt, ist kein Pferd, ein Mensch, der bergab nicht geht, ist kein Mensch.« *Unten*: Ein Vater bei einer kurzen Pause unterwegs, bei einer Schale Buttertee und einer Zigarette.

Am Ende seiner Reise: Ein einsamer Pilger auf dem Weg nach Tartschen; der große Kreis der Kora ist fast geschlossen. *Rechts*: Am Ausgang des östlichen Tales empfängt ihn die Weite der Barkha-Ebene. Im Spätherbst überzuckert leichter Schneefall die umliegenden Hügel. Die ohnehin schon kristallklare Luft wird noch klarer, und die Entfernungen verlieren alle Maßstäbe. Rechts im Bild erkennt man die Umrisse eines Steinhaufens.

Der Glaube der tibetischen Pilger gibt ihnen ein tiefes Vertrauen in die Richtigkeit ihrer geistigen Suche. Selbst der zwangloseste Pilger besitzt diese Überzeugung, und das Leuchten in den Augen der Vielen ist echt. Ein magischer *Tschörten*, ein Tempel der Natur: der Kailas erfüllt die Umgebung mit einer unerklärlichen Kraft; eine Wirklichkeit, die nicht durch Logik, sondern durch den Glauben erfaßt wird.

Der Kailas leuchtet im Mondlicht, unergründlich und ewig, ein Symbol absoluter Vollkommenheit. Den Berg als reines Pilgerziel zu betrachten, wäre verfehlt: Für den Gläubigen ist der Kailas ein Spiegel, der die ihm zugesprochene Göttlichkeit zurückwirft und verstärkt. Er selbst ist nicht mehr als ein Stein- und Eishaufen, doch durch die entsprechenden Augen betrachtet, vermittelt er einen Blick von Unendlichkeit.

6 Die innere Kora

»Die Prophezeihung Buddhas sagt zu Recht, daß dieser Schneeberg der Nabel der Welt sei; ein Ort, an dem die Schneeleoparden tanzen. Der Gipfel, die kristallgleiche Pagode, ist der weiße, gleißende Palast des Demtschog ... Dies ist der erhabene Ort der vollkommenen Yogis ... Es ist kein Platz auf Erden wundervoller als dieser; es ist kein Platz auf Erden herrlicher als dieser.«
(Die hunderttausend Lieder des Milarepa)

Ich blieb drei Monate lang in der Gegend des Kailas, reiste nach Purang und zum See Manasarowar und kehrte dann abermals für längere Zeit zu dem Berg zurück. Eines Morgens wanderte ich weit nach Norden über die Hügel oberhalb Tartschen und verfolgte eine Herde scheuer Bergziegen. Ganz ungewollt befand ich mich plötzlich im inneren Heiligtum des Kailas, auf der *Nangkor*, der »inneren Kora«, die ich auf Swami Pranawanandas Landkarte so oft verfolgt hatte. Der Pfad beginnt ebenfalls in Tartschen, führt aber nach Norden und umrundet den pyramidenförmigen Gipfel direkt unterm Kailas. Dieser wird von den Hindus nach dem heiligen Stier, der vor Schiwas Tempeln kniet, Nandi genannt. Der Pfad überschreitet einen hohen Paß unter der Südflanke des Kailas und kehrt in einer Schleife nach Süden zurück. An der Ostseite des Nandi führt er an zwei winzigen Seen vorbei. Nach einem alten tibetischen Führerwerk ist das Wasser des einen »schwarz wie *Tschang*« (tibetisches Bier); der andere »weiß wie Milch« und enthält den mystischen »Schlüssel« zum Kailas.

All dies hatte mich schon seit einigen Monaten gereizt, doch, um diesen Weg gehen zu dürfen, muß der Pilger schon dreizehn äußere *Kora* ausgeführt haben, und ich hatte zu diesem Zeitpunkt erst sechs oder sieben. Die Neugierde ließ mich den Weg einige Kilometer nach Norden folgen. Dann führte dieser in ein natürliches Amphitheater, dessen nördliche Begrenzung der Kailas selbst war. Ich zögerte, fühlte mich als Eindringling. Ich war dem Berg näher als je zuvor, nahe genug, um einfach hinaufzugehen und den verwitterten Fels zu berühren, doch etwas hielt mich zurück.

Ich setzte mich auf einen sonnenwarmen Moränenfels und betrachtete die Muster, die das Eis in den zerrissenen und geschwungenen Fels des Kailas geprägt hatte. Am Himmel kreiste ein Falke. Es war friedlich hier, doch schien der Ort von seltsamen Kräften erfüllt, und die Luft vibrierte in einem tiefen, kaum hörbaren Ton. Vielleicht war es das Rauschen von Wasser unter Eis – doch Eis war nirgends zu sehen, und der Bach floß ungehindert dahin. Der Ton schien geradewegs aus dem Herzen des Berges zu kommen. Dies war ein Ort, um ehrfürchtig zu verharren, nicht um zu verweilen. Am Fuße des Passes kehrte ich um und beließ dem Berg sein letztes Geheimnis. Es war eine Geste der Achtung, eine bescheidene Opfergabe. Was konnte ich diesem vollkommenen Ort mehr geben, als seine Heiligkeit unangetastet zu belassen?

Heutzutage reist eine neue Pilgerart zum Kailas; westliche Touristen auf der Suche nach dem Unverfälschten und Exotischen; eine Suche, die oft gerade jene Qualitäten zerstört, die sie zu finden erhofft. Sie kommen zu zweit und zu dritt auf Lastwagen oder in organisierten Gruppen mit Land Cruisers, von vagen Gerüchten über einen heiligen Berg angelockt oder von dem Verlangen »die Ersten zu sein«. Es sind auch echte Pilger unter ihnen; ein paar Hindus oder Buddhisten, andere ohne Glauben, doch mit Verständnis für den Vorgang der Pilgerfahrt. Viele aber haben keinen Sinn für die Weihe des Ortes. »Ich weiß nicht, ob es eine gute Idee war, hierherzukommen«, sagte mir einer, »ich hätte auch nach Nepal zum Trekking fahren können – man sagt, daß dort ganz andere Berge stehen.« Oder: »Wissen Sie, ich bin irgendwie enttäuscht von diesem Kailas. Er ist wirklich nicht so mystisch, wie ich immer gedacht habe.«

Die tibetischen Pilger dagegen hatten nie den leisesten Zweifel, daß der bloße Anblick des Kailas ein reicher Segen ist. Manchmal beneidete ich ihre rückhaltlose Aufrichtigkeit; sie glaubten an den Berg, und er bekam göttliche Qualität für sie. So einfach ist der Glaube – und so schwierig für uns. Natürlich war für viele Tibeter die Fahrt zum Kailas in erster Linie ein Abenteuer oder eine Handelsreise; sich einfach auf die Reise zu machen, garantierte nicht, daß diese zu einer religiösen Erfahrung werden würde. Entgegen verklärender Berichte besitzt Tibet kein Monopol der geistigen Erkenntnis. Doch trotz jahrelanger Unterdrückung haben seine Menschen ihren Glauben und eine selbstverständliche Hinnahme des Geistigen bewahrt. Selbst die zwangloseste Pilgerfahrt ruhte auf einem Fundament des Glaubens, und das Leuchten in den Augen vieler Pilger, die ich traf, war echt. Zwanglos oder devot, sie gehörten zu Religionsgemeinschaften, die ihren Mitgliedern letzte Sicherheit über den Wert ihres geistigen Strebens vermittelte – eine Sicherheit, die heute in unserer westlichen Gesellschaft verloren gegangen ist.

Das Aufeinandertreffen zweier so verschiedener Traditionen konnten manche westlichen Besucher nicht hinnehmen. »Wie können diese Leute noch so abergläubisch sein?« staunten sie. »Warum gehen Sie so oft um den Berg?« fragte mich eine Amerikanerin mit leisem Verdacht. »Sind Sie Buddhistin oder so was?« Da ich keine Antwort fand, wanderte ich noch ein paarmal um den Berg. Wenn die Gegenwart des Berges mich völlig durchdringen würde, dann würde ich vielleicht beginnen, sein Rätsel zu verstehen – denn, obwohl ich es mir noch nicht erklären konnte, hatte ich keinen Zweifel, daß ein Rätsel existierte; es rührte mich jedesmal an, wenn ich den Berg betrachtete oder umwanderte. Was ist dein Geheimnis? fragte ich die mächtige, schweigende Erscheinung.

Die Antwort wurde mir nicht auf einmal, sondern langsam, bruchstückweise klar.

Die Wirklichkeit des Kailas ist von einer Art, die nicht durch Logik, sondern durch Glauben erfahren wird – kein blinder Glaube, sondern einfach Vertrauen in die Gültigkeit von Erfahrungen aus dem Reich jenseits der Tatsachen und Sinne. Dies ist das Geheimnis aller Pilgerrituale, der Fußfälle und Mantras und Umwanderungen, der aufgeschichteten Steine und der zerschlissenen Gebetsfahnen. Ihre Bedeutung liegt nicht in den Handlungen als solchen, sondern in der Haltung, zu der sie führen: einer Öffnung für einen höheren Zustand des Seins, eine tiefe Ehrerbietung für die natürliche Vollkommenheit, die sich im Kailas und Manasarowar ausdrückt, und der Glaube an die Möglichkeit eines jeden Wesens, solche Vollkommenheit zu erreichen.

Das ist, in Ermangelung eines anderen Wortes, Glaube, und jene, die ohne ihn kommen, die nur kommen, um zu schauen, finden nur die platte Realität eines Berges und eines Sees vor. Ihre Enttäuschung ist unvermeidlich, denn sie suchen im Äußerlichen das, was nur im Inneren zu finden ist. Doch jene, gleich welcher Religion, die in wirklicher Aufrichtigkeit kommen, sind die wahren Pilger und sie finden das, was sie suchen nicht nur im See und auf dem Berg, sondern allgegenwärtig: in der Luft, in der Erde, im Licht, in der Kraft der Sonne und in der Berührung des Windes. Es ist eine Macht, die nur jenen zugänglich wird, die sie erfühlen können, sonst aber unsichtbar und unbeweisbar, eben ein Aberglaube bleibt.

Das Geheimnis des Berges? Er hat keines. Er selbst ist nicht mehr als ein Stein- und Eishaufen. Seine Erscheinung, seine Höhe, seine Einsamkeit und die Stimmungen, die diese erzeugen, haben den Kailas zum geeigneten Thron für die Symbole des Letztendlichen werden lassen, für Schiwa oder für Schenrab oder für Demtschog; für transzendentes Wissen, für Ewiges Heil. Kailas ist auch nicht heiliger, als irgend ein anderer Ort dieses Planeten. *Wir* machen ihn zu dem, was er ist: ein Behältnis für das Abbild jener Vollkommenheit, die wir auch in uns selbst erahnen. Weil wir uns wohl fürchten, das auszudrücken, übertragen wir es auf einen Berg und verehren es als göttlich, denn sein Potential ist übermenschlich, während wir weich und warm in unserer menschlichen Begrenztheit ruhen. Doch das Transzendente wirkt selbst noch aus solcher Entfernung auf uns. Wie ein Spiegel wirft der Berg die Göttlichkeit zurück, die wir ihm zugesprochen haben, und verkörpert sie als großes, mahnendes Symbol.

Den Berg als höchstes Ziel anzusehen, wäre ein Irrtum. Seine Bedeutung durchdringt seine Erscheinung und weist gleichzeitig darüber hinaus. In dem einen Sinn ist der Kailas die heilige Mitte der ganzen Schöpfung, und seine Verehrung führt zum Erahnen ihrer Göttlichkeit. Im anderen Sinn vereinigt er für einen Augenblick das Absolute in sich, für das alle Symbole nur Ersatz sind, Übertragungen der Ewigkeit und der Unendlichkeit in den Bereich von Raum und Zeit.

Die offenen Ebenen dort draußen gaben mir ein Gefühl unbegrenzter Freiheit. Ich wanderte kilometerweit zu einem Ziel, das nicht genau festgelegt war; zu irgendeinem fernen

Hügel beispielsweise; wanderte aus reiner Freude am Wandern und warf mich flach auf den Rücken, um den im Wind ziehenden Wolken nachzuschauen. Ich liebte diese offenen Räume, ihre leuchtenden Farben und ihr klares Licht, die im Ohr nachhallende Stille und den gewaltigen blauen, über den ganzen Gesichtskreis gespannten Himmel. Der Wind durchflutete die hindernislose Weite wie ein Strom von Kraft. Jedes Steinchen und jeder Grashalm standen in dem scharfen Licht mit sich selbst genügender Vollkommenheit da, in der Klarheit und Intensität eines Traumbildes.

In manchen Augenblicken schien die Zeit stehenzubleiben, schienen die Entfernungen in sich selbst zusammenzuschmelzen – und plötzlich schien das Ewige und das Unendliche in Reichweite. Das Gefühl der Grenzenlosigkeit war ein unerwartetes Geschenk.

Zwei chinesische Lastwagenfahrer, die ich am Ufer des Manasarowar antraf, beklagten sich einmal über die Trostlosigkeit des Landes, in welches sie ihr Schicksal verschlagen hatte: »Zu kalt, zu hoch, nichts zu essen, ai – yah ...« Ich übersetzte ihre Klagen einem tibetischen Begleiter, und dieser sagte mir brüsk auffahrend: »Sag ihnen, daß das Leben hier *echt* ist!«

Er hatte recht. Hier war das Leben ebenso wie das Land, in dem es sich abspielte, auf seine grundlegenden Bestandteile reduziert, doch diese Beschränkung bedeutete keine Verarmung. Sie schaffte Raum für das Wesentliche, ein Raum, der immer dann knapp zu werden beginnt, wenn Nebensächlichkeiten geistiger wie materieller Art sich um uns aufzutürmen beginnen. »Aber es ist doch überhaupt nichts da«, wandte der Chinese ein. »Nur Berge und ein See, und alles so hoch.« Richtig, dachte ich. Ein Berg. Ein See. So hoch.

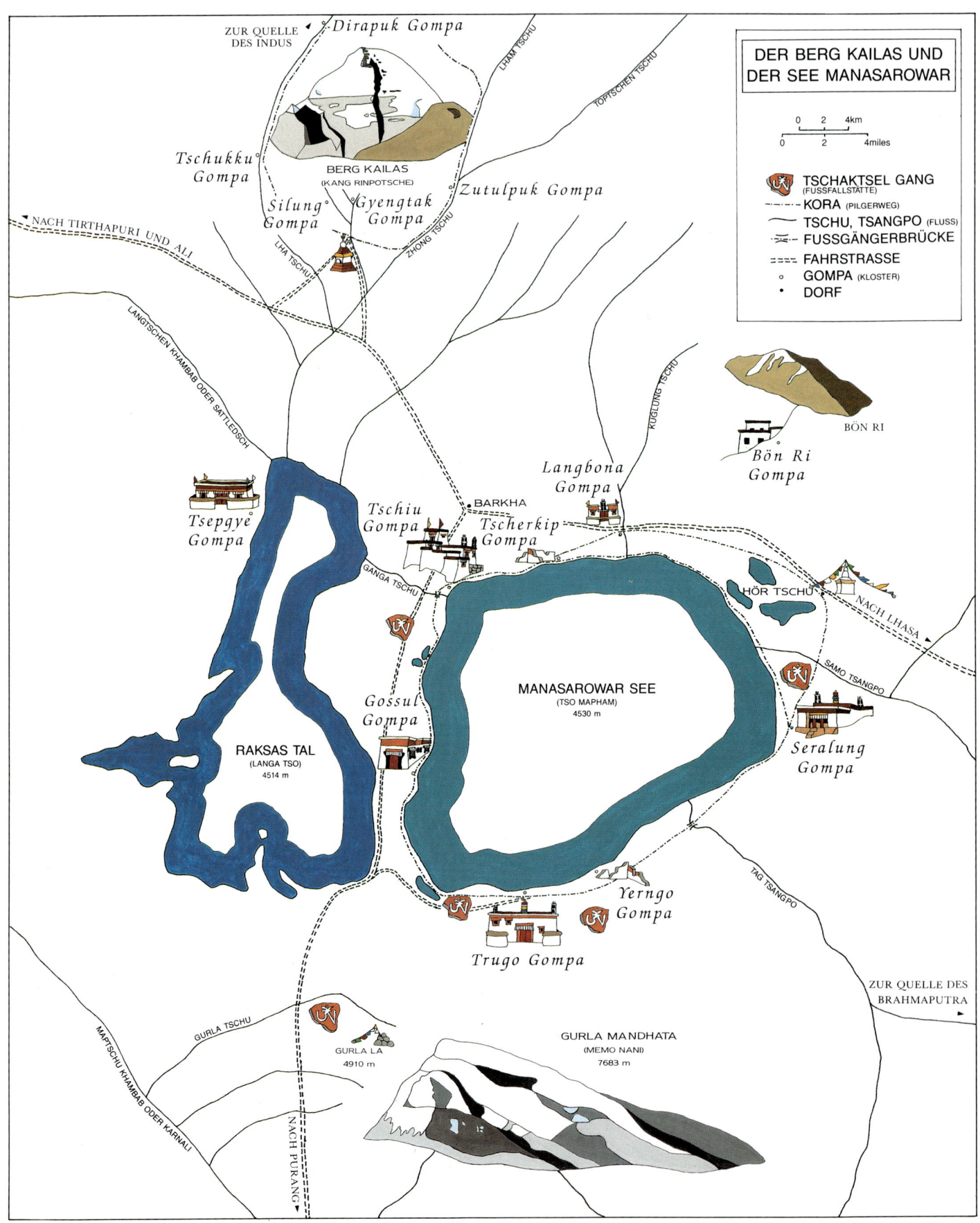

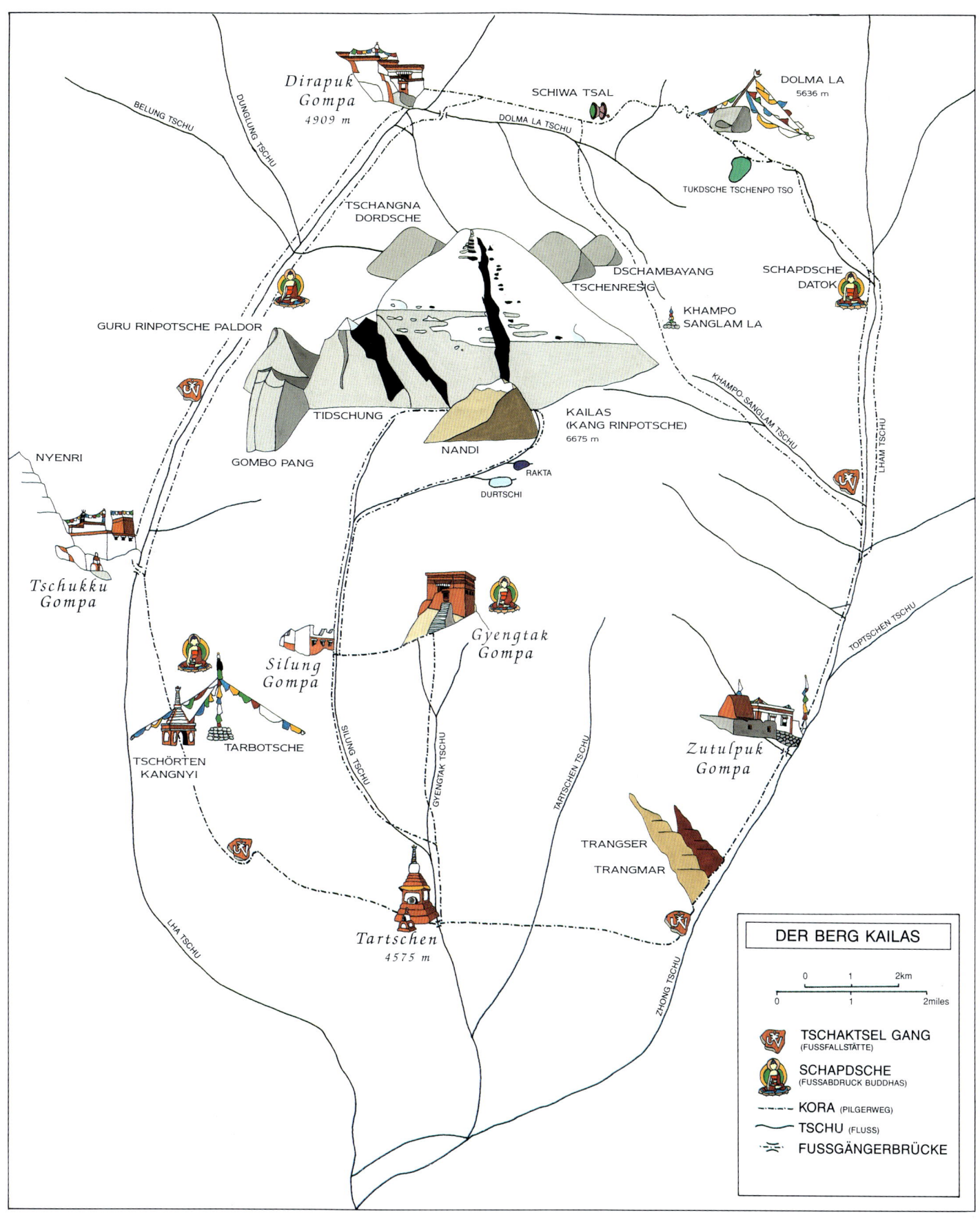

Glossar

Das gesprochene Tibetisch hat sich anders entwickelt als die Schriftsprache, so daß die moderne tibetische Orthographie von Lauttreue weit entfernt ist. So schreibt man beispielsweise das »Tschura« ausgesprochene Wort wie »Phyurba«. Die in diesem Buch verwendeten tibetischen Wörter erscheinen in vereinfachter phonetischer Schreibweise. Selbstlaute werden wie in »Do, Re, Mi, Fa« ausgesprochen, »U« wie in »Ruß«.

Mit (S) sind Sanskritwörter bezeichnet, alle anderen sind tibetischen Ursprungs.

Bön	Vorbuddhistische Religion in Tibet, in Spuren noch heute vorhanden.
Dakini (S)	Weiblicher Geist
Drogpa	Tibetischer Nomade
Gompa	Kloster
Intschi	Engländer; eine Bezeichnung, die von den Tibetern auf alle Abendländer angewandt wird.
Kang Rinpotsche	»Kostbarer Schneeberg«, ein tibetischer Name des Kailas
Kora	Rituelle Umwanderung
Lhakhang	Schrein, Tempel
Linga (S)	Phallussymbol der Zeugungskraft Schiwas
Manas (S)	Geist, Intellekt
Mandala (S)	Zauberkreis, der die Welt des tantrischen Buddhismus symbolisiert
Mani-Mauer	Eine mit flachen Steinplatten bedeckte, niedrige Mauer, in die Mantras oder heilige Texte eingeritzt sind.
Mantra (S)	»Gedankenwerkzeug«; eine Formel aus heiligen Silben, die als Gebet und als Meditationshilfe rezitiert wird.
Momo	Tibetische Fleischbällchen in Teighülle
Parikrama (S)	Rituelle Umwanderung
Prasad (S)	Gegenstand voll heiliger Kraft, Segen
Schapdsche	Fußabdruck Buddhas oder eines Heiligen
Swastika (S)	indisches Symbol der Kraft
Torma	Opfergabe aus gekneteten Teig
Tsampa	Geröstetes Gerstenmehl
Tschaktsel Gang	Fußfall- bzw. Niederwerfungsstätte
Tschörten	Buddhistisches Denkmal; ursprünglich ein Reliquienschrein, meist mit quadratischer Grundfläche und Kuppel
Tschuba	Tibetisches Kleidungsstück; ein weiter, an der Hüfte gegürteter Mantel
Wadschra (S)	Der »Donnerkeil«, tibetisch Dordsche, als Ritualgegenstand Symbol der unzerstörbaren absoluten Wahrheit.

Weiterführende Literatur

Einen allgemeinen Überblick über Tibet und eine umfassende Bestandsaufnahme der traditionellen Kultur bietet Giuseppe Tuccis *Tibet: Land of Snows* (London 1973) und *Mein Tibet* von Thupten Jigme Norbu und Colin Turnbull (Wiesbaden 1970). Eine detailliertere Darstellung der politischen und religiösen Geschichte Tibets findet sich in *Tibetan Civilization* von R. A. Stein (London 1972), *Altes Tibet. Neues China* (Wiesbaden 1955) von Alexandra David-Neel und *Tibet. Ein verbotenes Land öffnet seine Tore* (Bergisch-Gladbach 1986) von Helmut Uhlig, während Söpa Geshe Lhündup und Jeffrey Hopkins in *Der tibetische Buddhismus* (Köln 1984) und Robert Ekvall in *Religious Observances in Tibet* (Chicago 1964) den tibetischen Buddhismus aus anthropologischer Sicht untersuchen. Die Textsammlung von Milarepa *Von der Verwirklichung und andere Texte* (Südergellersen 1985) stellt eine Zusammenfassung der buddhistischen Gedankenwelt in Versform dar.

Die Abenteuer westlicher Forschungsreisender in der Gegend des Kailas faßt Charles Allen in *A Mountain in Tibet* zusammen (London, 1982) und beschreibt auch die Suche nach den Quellen der vier großen Ströme. Obwohl *An Account of Tibet: The Travels of Ippolito Desideri of Pistoia, S. J. 1712–1727* (London, 1932) erst über zweihundert Jahre nach der Reise des Jesuiten veröffentlicht wurde, bleibt sie eine faszinierende, greifbare Beschreibung. Die Bände II und III von Sven Hedins dreibändigem Meisterwerk *Transhimalaja* (Wiesbaden 1975) enthalten eine Fülle historischen Materials sowie einen Bericht über Hedins Abenteuer in der Kailasregion.

Unter den Primärquellen ist John Snelling zu erwähnen, der in *The Sacred Mountain* (London 1983) die Rolle des Kailas in den asiatischen Religionen und die Berichte der Reisenden und Pilger untersucht. *Der Himalaya – Kailasa – Manasarowar. Der Himalaya in Schrift, Kunst und Gedanken* (Genf 1986) von Rommel und Sadhana Varna stellt den Kailas und den ganzen Himalaja im Zusammenhang mit ihrer göttlichen Bedeutung für die Hindus dar. Ekai Kawaguchis *Three Years in Tibet* (Madras 1909) enthält eine Beschreibung der Kailasreisen des japanischen Mönchs. Die

drei Kapitel über den Kailas in *Der Weg der weißen Wolken* von Lama Anagarika Govinda (Bern 1985) bleibt die klassische Beschreibung einer Pilgerreise. Swami Pranavanandas *Kailas – Manasarowar* (Delhi 1949, 1983) schließlich ist der vollständige Führer für Pilger, eine Sammlung von Anekdoten und Ratschlägen, die einen unterhaltsamen Einblick in die Welt der traditionellen Pilgerfahrten vermittelt.
Weitere Buchempfehlungen: Peter Hopkirk, *Der Griff nach Lhasa* (München 1989), Otto Baumhauer (Hrsg.), *Tibet und Zentralasien. Dokumente zur Entdeckungsgeschichte* (Stuttgart 1965), Heinrich Harrer, *Sieben Jahre in Tibet* (Berlin 1976), ders., *Wiedersehen mit Tibet* (Innsbruck 1983), Detlev Lauf, *Das Erbe Tibets* (Bern 1972), W. Y. Evans-Wentz, *Milarepa, Tibets großer Yogi* (München 1985), Herbert Tichy, *Zum heiligsten Berg der Welt* (Wien 1937).

Die Fotos in diesem Buch wurden unter extremen Bedingungen, bei Kälte, Wind, Staub und in großer Höhe aufgenommen. Ich benötigte eine Ausrüstung, die diesen Einflüssen widerstehen konnte und auf Kommando einsatzbereit war. Ich wählte Canon und sie bewährte sich. Meine Ausrüstung bestand aus Canon F-1-Gehäusen und folgenden Objektiven: 4/17 mm, 2/24 mm, 2/35 mm, 50 mm Makro, 1,8/85 mm, 2/135 mm und 4/300 mm »L«.

R. J.

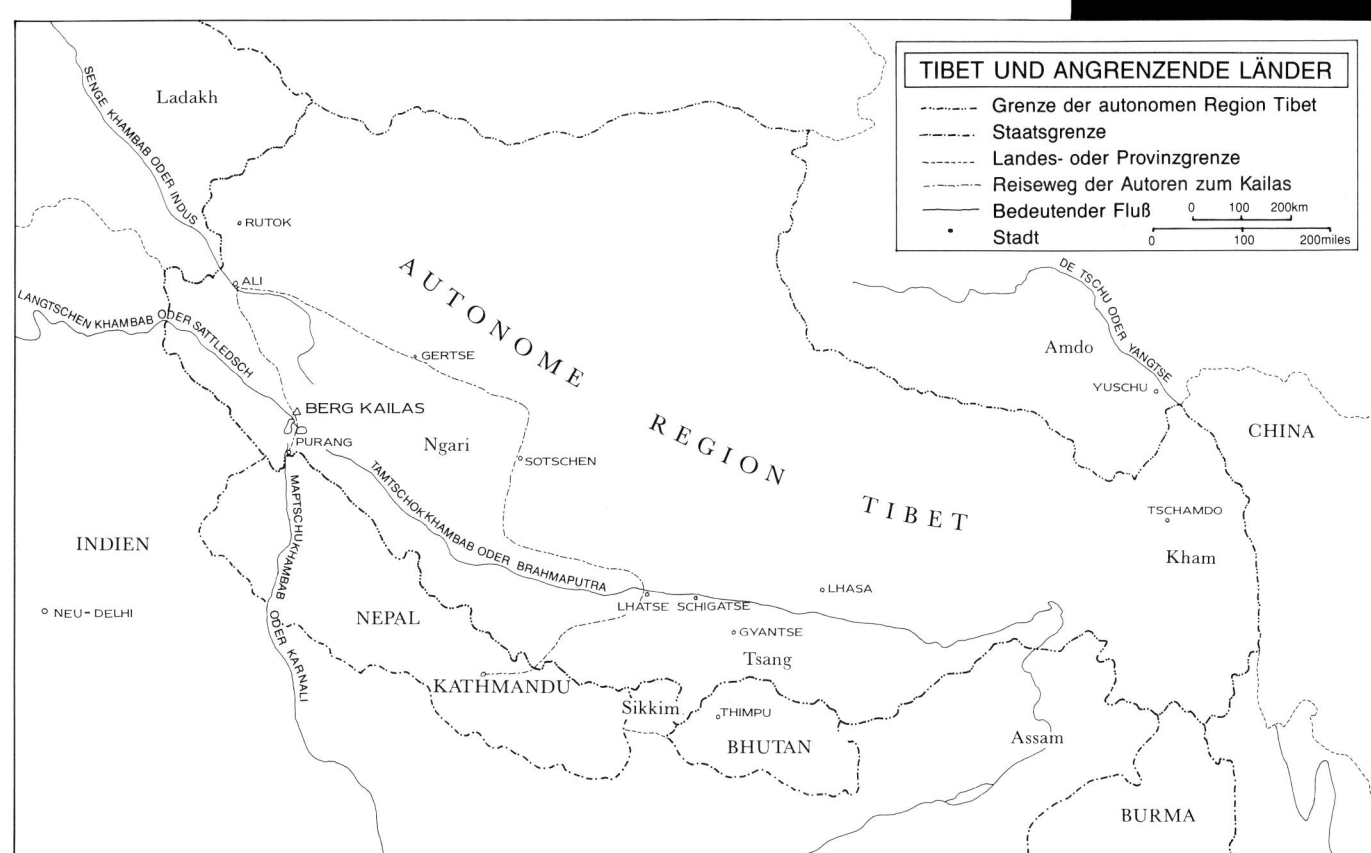

Zwei tibetische Jungen posieren stolz vor einem gemalten Hintergrund mit dem Motiv des Kailas in einem chinesischen Fotostudio in Ali.